Ingrid Biermann

Ostern und Frühling mit Klara und den Mäusen

Ingrid Biermann

Ostern und Frühling mit Klara und den Mäusen

Konzeptbuch für den Kindergarten

FREIBURG · BASEL · WIEN

5. Auflage

Gedruckt auf umweltfreundlichem, chlorfrei gebleichtem Papier

Umschlaggestaltung: Dietmar Prill, Freiburg
Illustrationen: Angela Weinhold, Essen

Alle Rechte vorbehalten – Printed in Germany
© Verlag Herder Freiburg im Breisgau 2002
www.herder.de
Layout & Satz: DTP-Studio Helmut Quilitz, Denzlingen
Druck und Bindung: J. P. Himmer, Augsburg 2006
ISBN-13: 978-3-451-27792-4
ISBN-10: 3-451-27792-1

Inhalt

Vorwort 7
Anleitung für den Gebrauch des Buches 9
Anleitung für das Ritual 12

Inhalt der gelben Seiten 17

Einstiegsgeschichte: Klara und ihre Frühlingsmäuse 18
Geschichte: Klaras Begegnung mit der Frühlingsfee 25
Geschichte: Klara und die Sonntagsmaus 28
Geschichte: Klaras Begegnung mit den Frühlingszwergen . . . 32
Abschlussgeschichte: Klara geht auf Spurensuche 37

Inhalt der lila Seiten 43

Spiellied: Klara, diese kleine Maus 44
Spiellied: Hopsasa, der braune Hase 46
Spiel- und Tanzlied: Ja, heute Morgen um halb acht 48
Spiellied: Der Osterhase Willibald 51
Spiellied: Der Schnee, er schmilzt 53
Klanggeschichte mit Orff-Instrumenten: Wie aus einem
    Wintergarten ein Frühlingsgarten wird 55
Klanggeschichte mit Abfallprodukten: Schmuddelwetter im
    Frühling 58
Klanggeschichte mit Küchenutensilien: Ein Frühlingstag im
    Hotel Wiese 61

Inhalt der rosa Seiten 65

Fingerspielgeschichte: Schau, hier ist ein Mauseloch 66
Ratevers: Viele kleine weiße Glocken 69
Ratevers: Frühlingsnebel zieht durchs Land 72

Reimgeschichte: In einem Baum am Weiher 74
Mitmachgeschichte: Die drei Hühner Tick, Tack und Tuck . . 77
Mitmachgeschichte: Im Frühling geh' ich in den Garten . . . 80
Geräuschgeschichte: Ein arbeitsreicher Tag auf dem Hof von
    Bauer Stork 82
Malgeschichte: Hokus, pokus, 1, 2, 3, ich mal ein großes
    Hühnerei 84
Malgeschichte: Schaut her, ich male nun ein Tier 85
Geschichte: Tut mir Leid, hab keine Zeit 87

Inhalt der orangenen Seiten 91

Turn- und Bewegungsspiele: Eins, zwei, drei, wer hat das Ei? . 92
Spielkette: Auf der Kanincheninsel 95
Rhythmikangebot: Spiele mit Frühlingsblumen aus Servietten-
    papier 101
Fantasiereise: Mit Klara durch das Frühlingsland 104
Körpererfahrungsspiel: Die Wiese erwacht 107
Körpererfahrungsspiel: Der Frühling weckt die Tiere auf . . . 110
Stabfigurenspiel: Es war einmal ein kleiner Hase 113
Basteln und backen im Frühling 116
Spiel und Spaß im Frühling 120

Das besondere Angebot 126

Komm mach mit mir ein Bilderbuch 126

Literatur 127

Vorwort

Die vier Jahreszeiten verändern gerade in unseren Breiten sehr gravierend die Umgebung, in der wir leben. Leider nehmen wir diese Veränderungen oft gar nicht oder aber sehr spät wahr. Gerade der Frühling kommt so schnell, dass wir den Übergang von einem kahlen Baum zu einem blühenden Baum manchmal einfach übersehen. Von einem Tag zum anderen haben die Bäume ihre Blätter oder die Wiesen ihre herrlichen Blumen. Der Frühling hat so viele Geschenke für uns Menschen, dass es sich lohnt, mit offenen Augen und Ohren durch die Welt zu gehen. Er ist die Jahreszeit, in der es für uns die meisten Aha-Erlebnisse gibt, in der alle Sinne aufgefordert sind, die explosionsartigen Veränderungen wahrzunehmen, in der alles um uns herum wieder zu neuem Leben erwacht. So wie ein Kind geboren wird, so wird auch jedes Jahr mit Beginn des Frühlings die Natur neu geboren. Sie versteckt viele Reize und Geheimnisse, die zu entdecken es sich lohnt.

Da ich jedes Jahr von neuem den Übergang von einer farblosen und schlafenden zu einer farbenfrohen und lebendigen Welt als ein besonderes Ereignis erfahre, ist in mir der Entschluss gewachsen, dieses Ereignis gemeinsam mit den Kindern noch bewusster als bisher zu erleben. Für diese Spurensuche wünschten wir uns einen „roten Faden" zur Begleitung durch die Frühlingszeit. So wurde die Idee geboren, Klara und ihre Mäusekinder zu neuem Leben zu erwecken. „Klara und die 24 Weihnachtsmäuse" hatten uns ja bereits durch die Adventszeit begleitet und viele Freunde unter den Kindern gefunden. Warum sollte es nicht auch eine Art Frühlingskalender geben, bei dem Klara und ihre Mäuse uns, wie zur Weihnachtszeit, täglich treu begleiten würden? So entwickelte ich einen neuen aktiven Frühlingskalender und hätte den Kindern keinen größeren Gefallen damit tun können. Voller Begeisterung haben wir nun die Tage vom kalendarischen Frühlingsanfang bis weit über meine geplante Zeit hinaus gemeinsam sehr aktiv und voller Freude verbracht.

Vorwort

Dieser „Kalender" zeichnet sich dadurch aus, dass er aus einem festen Ritual und aus freien Angeboten besteht. Er lässt jeder Erzieherin noch genügend Freiraum für eigene Ideen und Vorstellungen. So kommen weder die Wünsche der Kinder, noch die der Erzieherinnen zu kurz. Wie schon bei den Weihnachtsmäusen enthält auch dieses Buch mehr Angebote als vielleicht benötigt werden, die Erzieherin kann also frei wählen. Auch Dinge, die in ihrem Kindergarten schon Tradition haben, können problemlos übernommen werden. Somit wird die „Reise durch den Frühling" individuell auf jede Gruppe abgestimmt und ein Erlebnis der besonderen Art. Da hat die Frühjahrsmüdigkeit gar keine Chance!

Ich habe mit den Kindern viele Dinge draußen erlebt und so konnten sie die Wunder des Frühlings hautnah spüren, hören, sehen, fühlen, riechen, schmecken und begreifen. Sie sprudelten vor eigenen Ideen, sodass die Mischung aus meinen Vorschlägen und denen der Kinder und sogar der Eltern uns mit viel Spaß und Abwechslung durch den Frühling wandern ließ. Ich kann sie nur dazu motivieren, es auch mit Klara und den Frühlingsmäusen zu probieren. Wer das Buch „Klara und die 24 Weihnachtsmäuse" schon kennt, der wird meine Begeisterung, auf diese Art auch den Frühling zu entdecken, verstehen. Wer Klara und die Weihnachtsmäuse aber noch nicht kennt, der wird mit den Frühlingsmäusen trotzdem viel Spaß haben und vielleicht sogar Lust dazu bekommen, die Weihnachtszeit ebenfalls mit den Mäusen zu gestalten.

Ich wünsche allen, die mit diesem Buch arbeiten, eine schöne Zeit, in der sie gemeinsam mit den Kindern Spuren suchen, fühlen, riechen – kurz das „Wunder" des Frühlings erleben.

Ingrid Biermann

Anleitung für den Gebrauch des Frühlingskalenders

Die Basis für diesen Frühlingskalender bildet ein „Bühnenbild", das gemeinsam mit den Kindern aus gesammelten Natur- und Dekomaterialien hergestellt wird.

Die farbenfrohe Frühlingslandschaft wird z. B. auf einem Tapeziertisch inszeniert, aus Gras, Steinen, Sand, einem Fluss aus einer blauen Mülltüte, aus künstlichen Blumen, kleinen Holztieren wie Käfern, Enten, Hasen und aus vielen anderen schönen Dingen. In dieser Frühlingswelt lebt Klara, eine dicke gelbe Steinmaus, mit fünf weiteren kleinen gelben, mehreren kleinen lilafarbenen, mehreren kleinen rosafarbenen und mehreren kleinen orangefarbenen Mäusen. Die Anzahl der Mäuse richtet sich dabei nach der Anzahl der Kinder, die in der Gruppe sind. Diese Mäuse führen mit Spielen, Liedern, Geschichten und anderen Angeboten durch den Frühling. Täglich fordert eine kleine farbige Steinmaus die Kinder zum Mitsingen, Spielen, Raten usw. auf. Diese „Tagesmaus" kann von einem Kind mit nach Hause genommen werden, sie erinnert an das erlebte Angebot.

Die Farbe kennzeichnet das besondere Talent jeder Maus.

Die lilafarbenen Mäuse sind besonders musikalisch. Wird eine lila Maus aus der Landschaft genommen, gibt es an diesem Tag ein Lied, eine Klanggeschichte oder ein anderes musikalisches Angebot. (Lila Seiten im Buch)

Die rosafarbenen Mäuse lieben es zu reimen, zu raten und lustigen Geschichten zuzuhören. Wird eine von ihnen aus der Landschaft genommen, wird eine Reimgeschichte, eine Mitmachgeschichte, eine Malgeschichte oder Ähnliches angeboten. (Rosa Seiten im Buch)

Die orangefarbenen Mäuse haben viele unterschiedliche Talente. Sie sind immer in Bewegung, genießen die Entspannung, spielen, basteln und backen sehr gerne. Wird eine orangefarbene Maus aus der Landschaft genommen, gibt es ein Turn-, Rhythmik-, Spiel-, Back- oder Bastelangebot. (Orangene Seiten im Buch)

Die fünf kleinen gelben Mäuse werden am 1. Tag der gemeinsamen Frühlingsreise, an den folgenden Montagen und am letzten Tag der Reise als „Tagesmaus" ausgewählt; dann wird jeweils eine „Klarageschichte" erzählt. Die kleinen gelben Mäuse stellen Klaras jüngste Kinder dar, sie sind sehr anhänglich und bleiben daher bei Klara und hören ihren Geschichte zu. (Gelbe Seiten im Buch)

Nur Klara, die dicke gelbe Maus, begleitet die Kinder während der gesamten Reise durch den Frühling. Erst am letzten Tag verschwindet sie und kommt (wenn alle Glück haben) irgendwann zurück.

Für jede entnommene Maus wird ein schöner Stein oder ein anderes Dekorationsobjekt in die Landschaft gelegt. So wird sie von Tag zu Tag bunter, die Kinder haben immer mehr, was sie zum Staunen und Betrachten und zu Gesprächen über den Frühling einlädt.

Der Frühlingskalender kann z. B. am kalendarischen Frühlingsanfang begonnen werden. Er endet, wenn alle Mäuse an die Kinder verteilt sind. Sollte das Thema Frühling dann noch nicht erschöpft sein, so können natürlich noch zusätzliche Mäuse gebastelt werden und zum Einsatz kommen. Wird Ostern als Höhepunkt des Kalenders gewählt, so muss entsprechend zurückgerechnet werden, um den ersten Tag der „Frühlingsreise" zu bestimmen. Als krönenden Abschluss der Frühlingsreise könnten Sie ein Frühlingsfrühstück, gemeinsam mit den Eltern, organisieren. Bei schönem Wetter könnte daraus sogar ein Picknick werden.

Da jedes Kind eine Frühlingsmaus bekommen sollte, habe ich in meinem Fall für 24 Kinder, d. h. für 24 Angebotstage, geplant *(fünf gelbe Mäuse, sechs lila Mäuse, sechs rosa Mäuse und sieben orangene Mäuse)*. Die Anzahl der Angebote im Buch ist aber wesentlich größer, so kann die Erzieherin frei wählen bzw. eigene Ideen einfügen. Um den Frühlingskalender noch abwechslungsreicher zu gestalten, können z. B. auch Bilderbücher eingebaut werden. Durch eine bunte Mischung aus Liedern, Spielen, Geschichten, Bilderbüchern und vielem mehr wird die Frühlingsspurensuche zu einem individuellen Frühlingserlebnis der besonderen Art und so bestimmt noch lange allen in guter Erinnerung bleiben.

Herstellung der Frühlingsmäuse

24 mausförmige Steine und ein etwas dickerer Stein werden gesammelt und gesäubert. Mit einer gut deckenden Farbe werden fünf Steine gelb, sechs Steine lila, sechs Steine rosa und sieben Steine orange angemalt und eventuell nach dem Trocknen farblos lackiert. Der dickere Stein wird ebenfalls gelb angemalt, er wird die Maus Klara.

Nun werden den Mäusen mit Heißkleber Ohren aus Pappe, Leder oder kleinem Steinsplitt, ein Schwanz aus Wolle oder Leder, Augen aus Pappe und Barthaare aus Besenhaaren angeklebt.

Wenn der Ablauf der Frühlingsreise einen kalendarischen Charakter bekommen soll, können den Mäusen (farblich gut gemischt) fortlaufende Zahlen aufgeklebt werden. So ist bereits das Suchen der Tagesmaus mit viel Spaß verbunden. Sollten Sie sich für die Variante mit den Zahlen entscheiden, so denken Sie bitte daran, dass die kleinen gelben Mäuse die Montagsmäuse sind und entsprechend nummeriert werden müssen.

Anleitung für das Ritual

Die Reise durch den Frühling kann am kalendarischen Frühlingsanfang beginnen, das ist dann der erste „Klaratag". Die folgenden Montage und der letzte Tag der Reise sind die weiteren „Klaratage", die mit einem gleich bleibenden Ritual durchgeführt werden. Dazu sitzen die Kinder in einem Stuhlkreis, mit Blick zur gemeinsam erstellten Frühlingslandschaft.

Am ersten Tag der Reise wird mit den Kindern in der Kreismitte ein Moosteppich gelegt. Die Erzieherin erzählt, dass dies der Lieblingsplatz von Klara sei. Sie bittet die Kinder, die Augen zu schließen, damit Klara sich hier im Raum verstecken kann. *(Die Kinder schließen die Augen und die Erzieherin versteckt Klara im gut einsehbaren Umfeld. Dann öffnen die Kinder die Augen wieder.)*

Mit dem folgenden Fingerspiel wird Klara vorgestellt. Anschließend wird sie von den Kindern gesucht und in die Mitte auf den Moosteppich gesetzt. Die Erzieherin erzählt, dass Klara auf einer wunderschönen Wiese wohne. In einer Raumecke bzw. auf einem Tisch legen die Kinder jetzt gemeinsam diese Landschaft aus Naturmaterialien. Die Erzieherin erzählt die „Einstiegsklarageschichte", danach wird eine kleine gelbe Maus zu Klara auf das Moosbett gestellt, das Klaralied *(siehe Lila Seiten, Seite 44)* wird gesungen. *(Das Klaralied wird jede Woche durch neue Strophen erweitert)* Anschließend geben die Kinder bei ruhiger Musik die kleine gelbe Maus im Kreis herum, sie sucht sich so ein Kind aus, bei dem sie bleiben möchte. Wird die Musik ausgestellt, darf das Kind, das die Maus in der Hand hat, diese mit nach Hause nehmen. Hat das Kind schon eine Maus, so wird sie an ein anderes Kind verschenkt. In die Landschaft wird ein schöner Stein oder ein anderes Dekorationsobjekt gelegt. So verändert sich Klaras Wohnort täglich.

Jeden Tag wird für den folgenden Tag eine kleine Maus aus der Landschaft geholt, sie wird zusammen mit Klara auf einen für alle gut sichtbaren Moosteppich gelegt. Hier warten die beiden auf den nächsten Tag. Die Farbe der kleinen Maus verrät den Kindern, was die kleine Frühlingsmaus mit den Kindern am kommenden Tag machen möchte. So wächst die Spannung und die Vorfreude auf den nächsten Kindergartentag!

Dieses Ritual mit der Klarageschichte wird an den folgenden Montagen und am letzten Tag der Reise gleich bleibend, d. h. jeweils mit dem Fingerspiel und dem Klaralied, durchgeführt. Außerdem werden am Montag auch die Mäuse vom Wochenende auf die gleiche Weise an die Kinder verteilt.

Ich stell dir heut die Klara vor

Fingerspiel

Einstieg — Die Kinder schließen die Augen. Die Erzieherin versteckt Klara im nahen, noch einsehbaren Umfeld. Die Kinder öffnen die Augen und die Erzieherin trägt die Fingerspielgeschichte vor.

Geschichte — Ich stell dir heut die Klara vor,
(Die Erzieherin zeigt auf ein Kind)
hör zu und spitze nun dein Ohr.
(Die Erzieherin zeigt auf ein anderes Kind)

Anleitung für das Ritual

Die Klara ist 'ne kleine Maus,
doch sieht sie nicht wie andre aus.
(Die Erzieherin bewegt den Zeigefinger hin und her)

Die Klara, ja, die ist sooo klein,
(Mit Zeigefinger und Daumen eine Länge zeigen)
sie passt in diese Schale rein.
(Mit der Hand eine Schale bilden)

Sie hat ein schönes Mäusefell,
(Mit der Hand über den Handrücken der anderen Hand streichen)
es ist weich und sonnenhell.
(Immer noch über die Hand streichen)

Sie hat 'ne Nase, Ohren, Mund
und Augen, die sind klein und rund.
(Mit dem Zeigefinger auf die eigene Nase usw. zeigen)

Klaras Schwanz, der ist gaaanz lang,
(Die Hände voreinander legen und ganz langsam weit auseinander ziehen)
heimlich huscht sie übern Gang.
(Mit dem Zeige- und Mittelfinger der einen Hand über den anderen Arm laufen)

Sie trippelt flink tagaus, tagein
in die Frühlingswelt hinein.
Sie trippelt hin und trippelt her,
Spazierengehen mag sie sehr.
(Mit den Fingern einer Hand die entsprechenden Bewegungen machen)

Sie trippelt hier und da und dort
(Mit den Fingern einer Hand hin und her trippeln)
und plötzlich ist die Klara fort.
(Die Hand auf den Rücken legen)

Anleitung für das Ritual

Such du die Klara ganz, ganz schnell,
(Auf ein Kind zeigen und es so bitten, Klara zu suchen)
bring sie zurück zu dieser Stell.

Abschluss Das Kind, das dazu aufgefordert wurde, sucht Klara und stellt sie auf den Moosteppich.

Inhalt der gelben Seiten

Einstiegsgeschichte: Klara und ihre Frühlingsmäuse
Geschichte: Klaras Begegnung mit der Frühlingsfee
Geschichte: Klara und die Sonntagsmaus
Geschichte: Klaras Begegnung mit den Frühlingszwergen
Abschlussgeschichte: Klara geht auf Spurensuche

Klara und ihre Frühlingsmäuse

Einstiegsgeschichte für den 1. Tag der Reise durch den Frühling

Material 24 bunte Mäuse, eine dicke gelbe Maus, ein Weidenkorb, viele schöne kleine Steine oder Dekomaterialien wie kleine Kunstblumen, Holztiere, Figuren, eine blaue Mülltüte für einen Fluss oder See, Steine, Äste, Zweige, Gras, Sand, Erde und viele Dinge mehr zur Gestaltung der Landschaft *(der Fantasie sind keine Grenzen gesetzt)*, ein Tapeziertisch *(oder eine frei geräumte Zimmerecke)*, für jedes Kind ein Stück Moos, ein Kassettenrekorder, entspannende Musik, ein großes und ein kleineres Abdecktuch.

Raumvorbereitung Ein Stuhlkreis wird mit Blick auf den Tapeziertisch oder die frei geräumte Zimmerecke gestellt. Alle oben genannten Materialien stehen am Kreisrand und sind mit einem Tuch abgedeckt. Der Kassettenrekorder mit der entspannenden Musik, ein Korb mit den Steinen und dem Dekomaterial und für jedes Kind ein Stück Moos *(es ist mit einem Tuch abgedeckt)* liegen griffbereit.
Der Korb mit den Steinen und dem Dekomaterial steht ab jetzt täglich griffbereit.

Einstieg Die Kinder sitzen im Kreis. Die Erzieherin stellt ein Rätsel.

Rätsel Der Winter, ja, er geht jetzt fort,
ein Andrer übernimmt den Ort.
Er bringt uns viel Geschenke mit,
du siehst sie jetzt auf Schritt und Tritt.
Sonne, Blumen und noch mehr,
ja, darauf freuen wir uns sehr.
Sag mir ganz schnell, wenn du's weißt,
wie diese Jahreszeit wohl heißt.
(Frühling)

Einstiegsgeschichte für den 1. Tag der Reise durch den Frühling

Nachdem die Kinder dieses Rätsel gelöst haben, schließen sie ihre Augen. Bei ruhiger Musik sollen sie überlegen, woran sie denken, wenn sie das Wort Frühling hören. Danach beginnt ein reges Gespräch und jedes Kind kann seine Gedanken äußern.

Die Erzieherin bittet die Kinder erneut, die Augen zu schließen und mit ihrer Hand eine Schale zu bilden. Die Musik untermalt die folgende Fühlaufgabe: die Kinder bekommen ein Stück Moos in die Hand, das sie erfühlen oder erriechen sollen. Die Erzieherin sagt, dass sie dieses Moos bei ihrem ersten Frühlingsspaziergang gesammelt hat. Nun bittet sie die Kinder, die einzelnen Moosstücke nacheinander zu einem Moosteppich auf die Erde zu legen. Nach dieser Gemeinschaftsarbeit erzählt sie, dass auf diesem Moosteppich jemand gesessen hat, nämlich Klara, die heute mitgekommen ist. Da noch niemand Klara kennt und sie ein wenig scheu ist, möchte sie sich in der Gruppe verstecken. Die Erzieherin bittet die Kinder noch einmal, die Augen zu schließen. Sie versteckt Klara an einem gut einsehbaren Ort.

Nachdem die Kinder die Augen wieder geöffnet haben, spricht und spielt die Erzieherin das Klarafingerspiel. Am Schluss darf ein Kind Klara suchen.

Klara wird in die Kreismitte gesetzt und die Erzieherin erzählt, dass Klara auf einer wunderschönen Wiese mit einem kleinen Bach lebt. Hier gibt es viele Wege aus Steinen, Sand und Hölzern auf denen sie gut spazieren gehen kann, außerdem gibt es tolle Verstecke und eine Höhle, in die sie sich oft zurückzieht. Hier findet sie genug zu fressen, hier ist ihre kleine Welt, in der sie sich sehr wohl fühlt.

Die Erzieherin holt das Dekomaterial und nun wird damit auf dem Tapeziertisch oder in der Raumecke die Landschaft gelegt.

Die Kinder betrachten bei ruhiger Musik ihr Werk. Danach lädt die Erzieherin sie zu einer besonderen Geschichte ein, in der sie mehr über Klara erfahren.

Klara und ihre Frühlingsmäuse

Geschichte Es ist Frühling und Klara hat viele kleine Mäusekinder bekommen. Ihr Freund, der Maulwurf Buddel, der schon seit Jahren als Untermieter bei ihr wohnt, hat von all dem aber noch nichts bemerkt, weil er tief und fest schläft. Als er endlich aus seinen Träumen erwacht, hört er aus Klaras Wohnung fremde, ihm unbekannte Geräusche. Buddel ist ein wenig erschrocken und läuft noch ein wenig verschlafen zu Klara. Als er ihre Wohnung betritt, ist er sprachlos: in einem weichen Nest liegen viele kleine Mäusekinder. Klara strahlt ihn an und sagt: „Darf ich dir meine Kinder vorstellen?" Buddel tritt näher und ist so gerührt, dass ein paar Freudentränen aus seinen Augen kullern. Er kann die vielen kleinen Mäuse gar nicht zählen, denn sie liegen dicht neben- und übereinander. „Ich weiß auch noch nicht, wie viele Kinder ich habe", sagt Klara, „es sind so viele, ich kann sie gar nicht zählen. Hoffentlich werde ich sie jemals voneinander unterscheiden können."

Klara bittet Buddel, auf ihre Kleinen aufzupassen, denn sie will zu ihrer Freundin, der Glitzerfee, um auch ihr von dem großen Ereignis zu berichten. Buddel bleibt gerne bei den Mäusekindern und so macht Klara sich auf den Weg. Sie trippelt über die nach Frühling riechende Wiese in den nahe gelegenen Wald und sieht auch schon den großen Baum, in dem ihre Freundin wohnt. Aufgeregt krabbelt sie am Baum hoch bis in die Spitze. Dort liegt die Glitzerfee und schläft. Ganz sanft und zärtlich weckt Klara sie mit ihren weichen Barthaaren. Die Glitzerfee ist zunächst ein wenig erschrocken als sie Klara sieht. Doch noch bevor sie etwas sagen kann, wispert Klara mit strahlenden Augen: „Ich bin, wie jedes Jahr im Frühling, wieder Mäusemama geworden und habe wieder so viele Kinder, dass ich sie gar nicht zählen und auch gar nicht voneinander unterscheiden kann." Die Glitzerfee lauscht still den Worten ihrer Freundin und weil sie, wie alle Feen, zaubern kann, sagt sie: „Ich freue mich für dich. Geh jetzt unbesorgt nach Hause zu deinen Kindern. In ein paar Tagen wirst du sehen, dass ich für dich und deine kleinen Mäusekinder ein besonderes Geschenk habe." Müde, aber sehr glücklich, trippelt Klara in ihre Wohnung zurück, wo Buddel schon auf sie wartet.

Die Tage vergehen und Klara verbringt jetzt viel Zeit damit, ihre hungrigen Mäusekinder satt zu bekommen. Schon bald stellt sie fest, dass ihre Kleinen wunderbare Felle bekommen. Doch die Felle sind gar nicht grau, sie sind lila, rosa, orange und herrlich sonnengelb! Als Klara ihre leuchtenden kleinen Mäuse betrachtet, sieht sie, dass jede eine winzig kleine Zahl auf dem Rücken trägt. Ganz leise zählt Klara: „Eins, zwei, drei, vier, fünf…". Bis 24 muss sie zählen. Nun weiß Klara, wie viele Kinder sie bekommen hat. Sofort holt sie Buddel und zeigt ihm ihre 24 kunterbunten Kinder. Buddel und Klara sind

sehr glücklich. „Im Nest sieht es nun aus, wie auf einer bunten Frühlingswiese", meint Buddel. Er schaut Klara an, lacht und sagt: „Und du siehst aus wie eine Sonnenmaus." Klara schaut an sich herunter und da sieht sie, dass auch sie ein leuchtend gelbes Fell hat! Natürlich weiß sie sofort, wer ihr und ihren Kindern die bunten Felle geschenkt hat: Es war ihre Freundin, die Glitzerfee. Klara will sich bei ihr bedanken und läuft deshalb sofort los.

Wie immer passt Buddel auf die Kleinen auf. Jetzt ist das aber auch gar nicht mehr so schwer, denn an den Zahlen kann Buddel genau erkennen, ob alle Mäuse da sind. Klara trippelt also wieder durch den Wald, auf dem Weg zur Glitzerfee. Doch sie muss immer wieder stehen bleiben und schauen, staunen, riechen und dem Frühling zuhören. Auf der Wiese stehen auch schon ein paar bunte Blumen. Sie haben die gleichen Farben wie die Felle von Klaras Kindern. Als sie endlich bei der Glitzerfee ankommt, sagt sie: „Du hast mir ein schönes Geschenk gemacht und dafür möchte ich mich herzlich bedanken."

Die Glitzerfee lacht und sagt: „Nun, liebe Klara, hast du kleine, herrlich bunte Frühlingsmäuse. Ich habe ihnen ein buntes Fell geschenkt, weil sie jetzt eine ganz wichtige Aufgabe haben." Klara wird neugierig, setzt sich und fragt: „Welche Aufgabe haben sie denn?" Die Glitzerfee antwortet freundlich: „Deine Mäusekinder sollen gemeinsam mit dir nun den Frühling entdecken und im Frühlingsland nach seinen Spuren suchen. Dort leben nicht nur Menschenkinder, sondern auch ein freundliches Hasenvolk, das in dieser Zeit dabei ist, alle Vorbereitungen für das Osterfest zu treffen, das im Frühling gefeiert wird. Die Hasen bereiten allen kleinen Menschenkindern eine große Freude, denn sie verstecken für sie viele bunte Ostereier, die die Menschenkinder suchen dürfen. Das macht ihnen natürlich viel Spaß. Im Frühling sind die Menschenkinder übrigens besonders aktiv: sie backen, singen Frühlingslieder, hören lustige Geschichten und bewegen sich sehr viel draußen in der warmen Sonne. Deine Kinder sollen, da es ja ganz besondere Mäuse sind, gemeinsam mit den Menschenkindern den Frühling entdecken, mit ihnen singen, spielen und Geschichten hören. Schicke darum jeden Tag eines deiner Kinder auf den Weg." Klara ist ein wenig besorgt: „Ist das Frühlingsland weit entfernt von hier?" Die Glitzerfee beruhigt sie und sagt: „Mach dir keine Sorgen, das Frühlingsland ist überall da, wo es Frühlingsspuren gibt, wo es bunt, wo es still, wo es warm ist, wo die Menschenkinder lachen, singen, tanzen, zusammen spielen, Geschichten hören, basteln und sich über den Frühling freuen." Klara lacht und sagt: „Dorthin gehen meine Kinder ganz bestimmt gerne." Dann verabschiedet sie sich und macht sich auf den Heimweg.

Zu Hause erzählt sie ihrem Freund Buddel von ihrem Erlebnis. Ihren Kleinen will sie aber erst davon berichten, wenn sie etwas älter sind. Die Tage mit ihren Kindern vergehen schnell und die Mäusekinder werden täglich größer. Klara beobachtet sie oft und merkt, dass sie ganz unterschiedliche Dinge tun. Ihre Kinder mit dem lila Fell singen und tanzen sehr gerne. Aus allen Dingen, die sie finden, fertigen sie Instrumente, mit denen sie schöne Lieder spielen. Ihre rosa Mäusekinder reimen, raten, malen oder spielen zu kleinen Geschichten und haben dabei viel Spaß. Ihre orangenen Kinder sind sehr flink. Sie klettern überall herum, machen Purzelbäume oder kriechen durch enge, leere Gänge. Manchmal liegen sie auch ganz still da und streicheln sich gegenseitig mit weichen Tannennadeln. Aber sie haben noch mehr Talente. Sie machen einfach all das, was Spaß macht, wie backen, basteln, spielen und vieles mehr. Die Mäusekinder mit dem gelben Fell, die so aussehen wie sie selbst, laufen am liebsten den ganzen Tag hinter ihr her und quengeln so lange, bis Klara ihnen eine Geschichte erzählt, etwas vorspielt oder vorsingt.

Gemeinsam mit den Kindern, Buddel und der Glitzerfee verbringt Klara viele schöne Stunden. Eines Tages, als Klara wieder auf dem Weg zu ihrer Freundin ist, hoppelt ein Hase über die Wiese. Er versteckt hinter den grünen Büschen und bei den Blumen bunte Eier. Da fällt Klara das Frühlingsland wieder ein und sie denkt daran, dass sie doch ihre kleinen Mäusekinder dorthin schicken wollte. Schnell trippelt sie zurück. Klara ruft ihre Kinder zusammen und sagt: „Ihr seid ganz besondere Mäuse, nämlich Frühlingsmäuse. Jetzt ist für euch die Zeit gekommen, wo ihr die Spuren des Frühlings suchen sollt. Zusammen mit den Menschenkindern werdet ihr Lieder singen, Geschichten hören, basteln, backen, spielen und viel Spaß haben." Die kleinen Mäusekinder freuen sich über ihre besondere Aufgabe und möchten am liebsten gleich los. Doch es geht der Reihe nach! Ab sofort schickt Klara jeden Tag eine Frühlingsmaus auf Spurensuche, um mit den Menschenkindern den Frühling und das Frühlingsland zu entdecken. Buddel und Klara begleiten jedes Kind bis zur dicken Eiche, die am Wiesenrand steht. Von dort geht jede Frühlingsmaus allein los und Buddel und Klara winken ihr so lange nach, bis sie nicht mehr zu sehen ist.

Abschluss Die Erzieherin bittet die Kinder noch einmal, die Augen zu schließen, da Klara nun für sie eine Überraschung hat. Sie holt die 24 farbigen Mäuse und stellt sie zu Klara auf den Moosteppich. Die Kinder öffnen die Augen und bestaunen die vielen bunten Frühlingsmäuse. Sie können nun alle Mäuse in die Landschaft setzen. Die Erzieherin holt aus der Landschaft eine kleine gelbe Maus und setzt sie wieder zu Klara. Sie erklärt den Kindern, dass ab heute jeden Tag eine kleine Maus mit einem Kind nach Hause will. Heute ist es die kleine gelbe. Sie singt die ersten drei Strophen von dem Rituallied. Danach wird bei leiser Musik die Maus im Kreis herumgegeben. Wird die Musik ausgestellt, kann das Kind, das die Maus in der Hand hat, diese als Frühlingsgeschenk mit nach Hause nehmen und eine andere Maus aus der Landschaft holen. Die Farbe der Maus verrät den Kindern schon ein wenig, was für ein Angebot der kommende Tag bringen wird. Die ausgesuchte Maus sitzt zusammen mit Klara bis zum nächsten Tag auf dem Moosteppich.

Rituallied Klara diese kleine Maus
(Melodie „Vogelhochzeit")

Klara diese kleine Maus,
schickt heut ihr gelbes *(lila, rosa, orangenes)* Kind hinaus.
Fideralala…

Es soll auf Spurensuche gehn
und sich die Frühlingswelt ansehn.
Fideralala…

Die kleine Maus geht nun hinaus,
sie sucht sich jetzt ein neues Haus.
Fideralala…

Klaras Begegnung mit der Frühlingsfee

Zweite Klarageschichte

Material Waldtiere aus Holz *(z. B. Hasen, Rehe, Wildscheine usw.)*, etwas Moos, ruhige Musik und ein Kassettenrekorder, Klara, der Korb mit den Steinen und anderen Dekomaterialien, ein Abdecktuch.

Raumvorbereitung Ein Stuhlkreis mit Blick auf die Landschaft wird gestellt. Das Material steht griffbereit und ist mit einem Tuch abgedeckt. In der Kreismitte liegt ein kleiner Moosteppich.

Einstieg Die Kinder sitzen im Kreis. Die Erzieherin sagt, dass Klara sich heute wieder hier im Raum verstecken will. Sie bittet die Kinder, die Augen zu schließen und versteckt Klara im nahen Umfeld. Danach spricht und spielt sie das Fingerspiel von Klara. Diese wird von einem Kind gesucht und in die Mitte gesetzt. Die Erzieherin bittet die Kinder, die Augen zu schließen und mit der Hand eine Schale zu bilden. Dort hinein legt sie jedem Kind ein kleines Tier. Dieses Tier sollen die Kinder durch Fühlen erraten und zu Klara auf den Moosteppich stellen. Die Erzieherin erzählt, dass diese Tiere in dem Wald leben, in dem Klara immer herumstrolcht. In der nun folgenden Geschichte erfahren alle mehr darüber.

Geschichte Ein besonders warmer Frühlingsmorgen lädt Klara dazu ein, einen Morgenspaziergang zu machen. In aller Ruhe möchte sie nachschauen, wie weit der Frühling mit seiner Arbeit ist. Frisch und munter trippelt sie zu Buddel, um ihn zu bitten, ein Auge auf ihre noch schlafenden Kinder zu werfen, während sie ihren Morgenspaziergang macht. Buddel, der auch schon längere Zeit wach ist und in einem alten Buch liest, setzt sich in Bewegung, um auf die Mäusekinder aufzupassen. Singend und pfeifend macht sich Klara auf den Weg. Sie läuft und läuft und muss feststellen, dass der Frühling in diesem Jahr nur sehr schwer vorwärts kommt und dass der Winter noch an vielen, vielen Stellen sichtbar ist. An einigen Orten sieht es schon nach Frühling aus, aber

Klaras Begegnung mit der Frühlingsfee

sie entdeckt nach wie vor viele Spuren vom Winter. Das Gras ist noch winterweiß und hart, außerdem ist es ziemlich still um sie herum. Sie sieht und hört nur wenige Tiere. Zwar krabbelt ihr hier und da mal eine Spinne über den Weg, aber sonst ist es um sie herum noch fast leblos. Klara ist darüber ein wenig traurig. Doch sie trippelt weiter.

Kurze Zeit später macht sie auf einer Wiese eine kleine Pause. Sie sitzt da und um sie herum ist es so mäuschenstill, dass sie sogar ein wenig Angst bekommt. In welche Richtung sie auch schaut, sie kann nirgends ein Tier entdecken. Nein, in diesem Jahr gefällt ihr der Frühling noch nicht gut. Schnell läuft sie weiter. Vielleicht trifft sie ja doch noch jemanden, mit dem sie sich unterhalten kann. Als sie am nahen Waldrand ankommt, sieht sie plötzlich etwas Buntes durch die Bäume huschen. Klara glaubt zu träumen. Sie reibt ihre Augen und schaut noch einmal. Schon wieder flitzt etwas Buntes zwischen den Bäumen umher. Das macht sie neugierig. Schnell trippelt Klara in den Wald hinein und versteckt sich hinter einem dicken Baum. Als sie ganz vorsichtig hinter dem Stamm hervorschaut, sieht sie eine wunderschöne Fee. Sie hat ein kunterbuntes Kleid aus glitzerndem Stoff und Haare, so bunt wie ein Regenbogen. In der Hand hält sie einen farbenprächtigen Stab. Damit berührt sie das Gras, die Bäume und die Büsche. Klara sieht, wie unter jedem Grashalm, hinter jedem Busch und aus jeder Baumhöhle ein Tier kommt, sich reckt und streckt, sich putzt und dann in den Wald läuft. Klara staunt. Plötzlich wird sie von der Fee entdeckt. „Guten Tag", sagt Klara mutig. „Ich bin die Frühlingsmaus und wer bist du?" „Guten Tag", antwortet freundlich die Fee. „Ich bin die Frühlingsfee und helfe dem Frühling bei seiner Arbeit. Mit meinem Zauberstab wecke ich die Tiere, die unter den Büschen, Gräsern und in den Baumhöhlen noch schlafen", antwortet die Fee, berührt einen Baumstamm und ein Eichhörnchen kommt hervor. Es reckt und streckt sich, putzt sein Fell und rennt in den Wald hinein. Klara steht ganz still und staunt. „Komm doch mit und schau mir bei der Arbeit zu. Ich muss noch ganz viele Tiere wecken", sagt die Fee freundlich und gemeinsam gehen sie nun durch den Wald. Überall da, wo die Frühlingsfee ein noch schlafendes Tier entdeckt, bleibt sie stehen und weckt es. Klara staunt. Um sie herum wird es immer lebendiger. „Das hast du gut gemacht", lobt sie die Frühlingsfee.

Zweite Klarageschichte

„Danke", sagt diese und wie ein Blitz ist sie verschwunden. Klara sieht nur noch den bunten Streifen. Sie bleibt so lange sitzen, bis auch er ganz verschwunden ist. „Nun muss ich aber schnell nach Hause und meinen Kindern und Buddel von der Frühlingsfee erzählen", flüstert sie und trippelt los. Unterwegs trifft sie nun Kaninchen, Rehe, Wildschweine, Vögel, Eichhörnchen, Würmer, Käfer, Spinnen und noch viele andere Tiere, die alle von der Frühlingsfee geweckt wurden. Jetzt gefällt ihr der Frühling. Endlich ist es um sie herum so lebendig, wie in ihrer Mäusewohnung, denn dort krabbeln, klettern und spielen ihre Mäuse von morgens bis abends munter herum.

Abschluss Ein Gespräch über das Erwachen der Tiere im Frühling kann sich anschließen. Ein Kind holt aus der Landschaft eine gelbe Maus und zwei andere Kinder holen für Samstag und Sonntag eine bunte Maus aus der Landschaft, setzen sie zu Klara und legen aus dem Weidenkorb einen Stein oder ein anderes Dekorationsobjekt in die Landschaft. Danach kann das Klaralied mit den alten und neuen Strophen gesungen werden. Bei ruhiger Musik werden die Mäuse im Kreis herumgereicht und suchen sich – so wie immer – ein Kind aus, bei dem sie bleiben wollen. Die Waldtiere können in die Landschaft gestellt werden.

Rituallied Klara, diese kleine Maus
(Melodie „Vogelhochzeit")

Neue Strophen Kaninchen trifft sie vor dem Bau,
die Klara kennt sie ganz genau.
Fideralala…

Vögel zwitschern wunderschön,
die Klara bleibt vor ihnen stehn.
Fideralala…

Regenwürmer, Käfer, Schnecken
kann die Klara heut entdecken.
Fideralala…

Klara und die Sonntagsmaus

Dritte Klarageschichte

Hinweis Die Erzieherin bastelt einen Tag vorher eine weiße Steinmaus.

Material Die weiße Steinmaus, Klara, der Weidenkorb mit dem Dekomaterial, etwas Moos, ruhige Musik, ein Kassettenrekorder und ein großes Abdecktuch.

Raumvorbereitung Ein Stuhlkreis mit Blick auf die Landschaft wird gestellt. Das Material steht griffbereit und ist mit einem Tuch abgedeckt. In der Kreismitte liegt ein kleiner Moosteppich.

Einstieg Die Kinder sitzen im Kreis. Die Erzieherin sagt ihnen, dass Klara sich heute wieder hier im Raum verstecken will. Sie bittet die Kinder, die Augen zu schließen und versteckt Klara nun im nahen Umfeld. Danach spricht und spielt sie das Fingerspiel von Klara. Diese wird von einem Kind gesucht und in die Mitte gesetzt. Nun erzählt die Erzieherin, dass Klara eine neue Freundin hat. Sie holt die weiße Maus, stellt sie vor, setzt sie zu Klara und erzählt den Kindern eine neue Klarageschichte, in der sie mehr von Leonie erfahren.

Geschichte

Menschenkinder, so sagt man, sollen, wenn sie sonntags geboren werden, in ihrem Leben besonders viel Glück haben. So sollen sie zum Beispiel das Glück haben, in einer besonders netten Familie aufzuwachsen, sie sollen das Glück haben, dass es ihnen immer oder zumindest fast immer gut geht, sie sollen das Glück haben, nette Freunde zu finden und sie sollen das Glück haben, das all das, was sie sich wünschen, auch in

Dritte Klarageschichte

Erfüllung geht. Da es so aussieht, als hätten diese Menschen das Glück gepachtet, werden die Sonntagskinder auch Glückskinder genannt.

So wie es bei den Menschenkindern Sonntagskinder gibt, so gibt es diese auch bei den Tieren. Leonie, die kleine weiße Maus, ist auch eine Sonntagsmaus. Aber leider führt sie kein besonders glückliches Mäuseleben. Leonie lebt schon seit vielen, vielen Jahren ganz allein. Sie hat einmal vor langer Zeit mit vielen weißen Mäusen bei einer großen Zirkusfamilie gewohnt. Mit dem Zirkus ist sie von Stadt zu Stadt gezogen. Leonie kann sich noch ganz schwach daran erinnern, dass sie zu dieser Zeit sehr glücklich war und zu den Glücksmäusen gehörte. Leonie hatte in diesem Zirkus einen ganz besonderen Schlafplatz. Sie durfte in einem Karton vor dem Löwenkäfig schlafen. Jeden Abend legte sie sich dort hinein und konnte aus sicherer Entfernung die Löwen, die sehr gerne Mäuse verspeisen, beobachten. Hier konnte ihr gar nichts geschehen.

Aber eines Morgens, als sie aufwachte und aus ihrem Karton schaute, bekam sie einen großen Schreck. Der Zirkus mit ihren Freunden war weg und Leonie saß allein in dem Karton. Man hatte sie vergessen. Ganz verzweifelt lief sie auf dem Rasen herum, auf dem noch am Tag zuvor das Zirkuszelt stand, ja, und von dem Tag an begann für sie ein einsames Mäuseleben. Seitdem zieht Leonie von Ort zu Ort, um neue Freunde zu finden. Doch überall, wo sie hinkommt, wird sie verjagt, geschubst und gestoßen. Seit dieser Zeit gehört sie nicht mehr zu den Glücksmäusen. Oft denkt sie an die fröhliche Zirkuszeit.

Heute sitzt Leonie wieder hungrig, müde und sehr traurig in einer alten Scheune. Hier hat sie den letzten kalten Winter verbracht. Aber was ist das? Leonie spürt etwas in ihren Barthaaren: es wird warm und der Frühling breitet sich mit seinen Farben, seinem Duft und seinen vielen Geheimnissen aus. Doch alleine hat sie keine Lust, den Frühling zu entdecken. Deshalb bleibt sie in der alten Scheune sitzen, schließt ihre Augen und denkt traurig an die glückliche Zeit in ihrem Leben. Da sie tief in ihre Gedanken versunken ist, hört sie gar nicht, wie jemand ganz leise „Guten Morgen" sagt. Erst als Leonie ein leichtes Kitzeln auf ihrem Rücken spürt, wird sie aus ihren Träumen gerissen. Sie öffnet die Augen und entdeckt neben sich eine andere Maus. Es ist aber keine weiße, keine graue und auch keine gefleckte Maus.

Es ist eine gelbe Maus mit sehr freundlichen Augen. Sie schaut Leonie an und sagt noch einmal: „Guten Morgen, ich heiße Klara und wohne nicht weit von hier auf dem Feld. Wie heißt du?" Leise und etwas erschrocken piepst Leonie: „Ich heiße Leonie und lebe schon den langen Winter über alleine hier in dieser Scheune. Ich habe furchtbaren Hunger." „Komm doch mit zu mir", sagt Klara. „Für eine so kleine Maus habe ich bestimmt noch etwas zu fressen und einen Platz in meiner Wohnung finden wir für dich auch noch. Aber wundere dich nicht. Bei mir geht es sehr lebhaft zu, denn ich habe ganz, ganz viele Kinder." Leonies Augen strahlen und mit freudiger Stimme sagt sie: „Macht nichts. Ich war so lange allein, dass ich mich auf eine große Mäuseschar freue."

Leonie trippelt hinter Klara her und nun merkt sie erst, wie wunderschön sich der Frühling schon ausgebreitet hat. Sie spürt die Wärme der Frühlingssonne, riecht den frischen Grasduft und sieht die vielen Tiere. Mit einem Mal fühlt Leonie sich so glücklich wie schon lange nicht mehr, sie fühlt sich wie eine Glücksmaus! Als die beiden in Klaras Wohnung ankommen, staunt Leonie: „So viele Mäusekinder hätte ich nicht erwartet und bunt sind sie auch noch!" „Es sind alles meine Frühlingskinder", sagt Klara, „und du mit deinem weißen Fell passt sehr gut zu ihnen." Leonie ist glücklich! Klara weiß, dass Leonie hungrig ist und deshalb holt sie jetzt für alle Mais. Gemeinsam mit den Mäusekindern frisst Leonie sich an den knackigen Maiskörnern satt. Plötzlich hört sie jemanden sagen: „Du bist aber eine schöne Maus und dein Fell glänzt genauso wie meins." Leonie dreht sich um und entdeckt einen Fremdling. „Wer bist du denn?", fragt sie erschrocken. „Ich heiße Buddel und wohne hier mit Klara und ihren Kindern. Und ich finde dich sehr, sehr hübsch." Leonie wird ein wenig verlegen. So etwas Nettes hat ihr schon lange keiner mehr gesagt. Sie kann ihr Glück kaum fassen. Dann frisst sie weiter und bemerkt gar nicht, wie Klara, Buddel und die Mäusekinder ihre Köpfe zusammen stecken und flüstern. Nach kurzer Zeit kommt Klara zu Leonie und sagt: „Wir würden uns freuen, wenn du für immer bei uns bleibst. Du passt gut zu uns und wir alle mögen dich sehr. Ab sofort könnten wir den Frühling gemeinsam entdecken und viel Spaß haben." Vor Freude klopft Leonies Herz ganz stark. „Ich bleibe gern", sagt sie, „denn ich mag euch auch sehr. Ich freue mich darauf, mit euch den Frühling zu erleben." An diesem Abend sind alle sehr glücklich, aber ganz besonders Leonie, denn jetzt fühlt sie sich wieder wie eine richtige Sonntagsmaus!

Abschluss

Ein Gespräch über das Alleinsein kann sich anschließen und die Kinder können von ihren eigenen Erlebnissen berichten. Zu Leonie und Klara auf den Moosteppich stellen die Kinder nun die kleine gelbe Maus und die Wochenendmäuse. Für die entnommenen Mäuse wird jeweils ein Dekorationsobjekt in die Landschaft gelegt. Danach singen alle Kinder eine neue Strophe des Klaraliedes, das heut ganz besonders für Leonie gesungen wird. Die Kinder können dazu im Kreis um den Moosteppich herumtanzen. Danach werden die Mäuse *(auch Leonie)* bei ruhiger Musik im Kreis herumgegeben und finden bei den Kindern ein neues Zuhause. Zum Schluss wird eine neue Maus für den kommenden Tag aus der Landschaft geholt. Sie wartet mit Klara auf ihrem Stammplatz.

Rituallied

Klara, diese kleine Maus
(Melodie „Vogelhochzeit")

Neue Strophen

Klara, diese nette Maus,
nimmt Leonie heut mit nach Haus.
Fideralala …

Nun ist die Maus nicht mehr allein
und muss auch nicht mehr traurig sein.
Fideralala …

Zu ihr, da kehrten, welch ein Glück,
die Freude und der Spaß zurück.
Fideralala …

Klaras Begegnung mit den Frühlingszwergen

Vierte Klarageschichte

Hinweis

Aus jeweils einem großen Tannenzapfen, einer Wattekugel, etwas Watte und Filz bastelt die Erzieherin einen Tag vorher drei kleine Zwerge.

Material

Die drei Zapfenzwerge, der Weidenkorb mit dem Dekomaterial, Klara, etwas Moos, ruhige Musik, ein Kassettenrekorder, ein großes Abdecktuch, mehrere kleine Tontöpfe, einige Tulpenzwiebeln, Blumenerde, eine Gießkanne mit Wasser und eine Mülltüte.

Raumvorbereitung

Ein Stuhlkreis mit Blick auf die Landschaft wird gestellt. Das Material steht griffbereit und ist mit einem Tuch abgedeckt. In der Kreismitte liegt ein kleiner Moosteppich.

Einstieg

Die Kinder sitzen im Kreis. Die Erzieherin sagt, dass Klara sich wie jeden Montag wieder hier verstecken will. Sie bittet die Kinder, die Augen zu schließen und versteckt Klara nun im nahen Umfeld. Danach spricht und spielt sie das Fingerspiel von Klara. Jetzt werden bestimmt schon viele Kinder mitspielen und mitsprechen. Klara wird von einem Kind gesucht und auf den Moosteppich gesetzt. Die Erzieherin sagt, dass Klara eine ganz seltene Begegnung hatte: sie hat ihre neuen Bekannten mitgebracht. Noch einmal bittet sie die Kinder, die Augen zu schließen. Die Zapfenzwerge werden nun zu Klara auf das Moosbett gestellt. Die Erzieherin erzählt die neue Klarageschichte, in der alle mehr von den Zapfenzwergen erfahren.

Geschichte

Klara ist heute schon sehr früh wach. Sie hat die ganze Nacht sehr schlecht geschlafen und immer an den Frühling gedacht. Dabei hat sie eine eigenartige Lust verspürt. So schnell es geht, will sie heute in den nahe gelegenen Wald. Klara wird von Sekunde zu Sekunde unruhiger und ihr Verlangen in den Wald zu kommen wird immer größer. Als die ersten Lichtstrahlen den Tag erhellen, krabbelt sie aus ihrem warmen Bett, schleicht leise zu Buddel und bittet ihn, auf ihre Kinder

Vierte Klarageschichte

zu achten. Sie will jetzt einen Entdeckungsspaziergang durch den Wald machen. „So früh willst du los", brummelt Buddel, „leg dich doch wieder schlafen." Doch Klara mag nicht mehr schlafen. Ihre Neugierde und Unruhe treiben sie nach draußen. Als sie den Ausgang erreicht und die Nase nach draußen hält, zieht sie sich erschrocken in ihr Mauseloch zurück. „Hu, heute ist es aber für einen Frühlingsmorgen noch ganz schön kalt," sagt sie und einen kurzen Augenblick denkt sie daran, doch wieder in ihr warmes Bett zurück zu gehen. Doch ihre Lust auf Abenteuer ist so groß, dass sie sich entschließt, ihre warme Höhle zu verlassen. Ihr Fell ist dick und deshalb kann der kalte Wind sie gar nicht ärgern.

Klara trippelt los. Sie kennt ihr Ziel – es ist der Wald. Das Gras ist nass und auch noch ganz schön kalt. Doch auch das stört sie nicht und frohen Mutes trippelt Klara weiter. Sie will heute Morgen unbedingt die Erste sein und ungestört hier im Wald herumstöbern. Doch sie ist erstaunt, wie viele Tiere so früh am Morgen schon unterwegs sind. Als erstes trifft sie eine Hasenmutter, die Ausschau nach einer grünen Wiese hält. Die Hasenkinder haben den ganzen Winter über nichts Besonderes zu fressen bekommen und deshalb freuen sie sich jetzt auf frisches grünes Frühlingsgras. Wenig später trifft sie ein Eichhörnchen. Auch dieses hat seinen Wintervorrat aufgefressen und ist auf der Suche nach frischen Sachen. Kurz vor dem Wald begegnet sie einem Igel, der noch ganz verschlafen durch das feuchte Gras läuft

Klaras Begegnung mit den Frühlingszwergen

und sich auch über den Frühling freut. „Ich habe lange genug geschlafen. Nun wird es höchste Zeit, dass ich meine steifen Beine wieder bewege", sagt er zu Klara und trippelt genau wie sie in Richtung Wald. Plötzlich hört Klara viele Stimmen. Sie bleibt stehen, spitzt ihre Ohren und lauscht: „Und eins, zwei, eins, zwei, eins zwei", hört sie jemanden sagen. Klara schaut sich um, kann aber niemanden entdecken. Doch die Stimmen werden lauter und lauter, immer wieder hört sie das Gleiche: „Und eins, zwei, eins, zwei, eins, zwei." Klara wird immer neugieriger und läuft suchend umher. Mit einem Mal sieht sie direkt vor sich drei Zwerge. Der erste trägt einen Korb, in dem viele kleine Zwiebeln liegen, der zweite hat einen kleinen Spaten über seine Schulter gelegt und der dritte hält eine Gießkanne in der Hand. Die Drei marschieren hintereinander her und sagen dabei immer: „Und eins, zwei, eins, zwei, eins, zwei." Klara bleibt still sitzen und schaut sich dieses Schauspiel an. Jetzt bleiben auch die Zwerge stehen, schauen Klara an und sagen wie aus einem Mund: „Was schaust du uns so an, hast du noch nie Frühlingszwerge bei der Arbeit gesehen?" „Nein, noch nie", sagt Klara. „Dann komm mal mit", sagt freundlich ein Zwerg.

Klara trippelt hinter den Frühlingszwergen her und ganz leise sagt sie nun auch: „Und eins, zwei, eins, zwei, eins zwei." Nach kurzer Zeit kommen sie zu einer Wiese, die mitten im Wald liegt. „Hier wächst noch keine Blume", sagt ein anderer Zwerg, „und deshalb machen wir jetzt aus dieser Wiese eine Frühlingswiese. Da wir Frühlingszwerge sind, müssen wir überall dorthin, wo der Frühling noch nicht die Welt bunt gemacht hat und Blumenzwiebeln setzen, damit in ein paar Tagen auch aus dieser Wiese eine Frühlingswiese wird", erklärt wieder ein anderer Zwerg und dann machen sich die Drei an die Arbeit.

Ein Zwerg macht mit dem Spaten Löcher in die Erde, der zweite setzt dorthinein die Zwiebeln und der dritte Zwerg bedeckt die Zwiebeln mit Erde und gießt Wasser darüber. Klara steht dabei und schaut mit viel Interesse zu. Nachdem alle Zwiebeln gepflanzt sind und der Korb leer ist, gehen sie zurück. Auch Klara geht mit. Doch mit einem Mal, noch bevor Klara sich verabschieden kann, sind die Zwerge in einer Baumhöhle verschwunden. Klara trippelt schnell nach Hause, denn sie muss sofort jemandem von ihrem Erlebnis berichten. Bud-

Vierte Klarageschichte

del und ihre Kinder erwarten sie bereits. „Erzähl uns, was du erlebt hast und warum du heute schon so früh in den Wald wolltest", sagt Buddel. Klara erzählt ihnen von der Begegnung mit den Frühlingszwergen und davon, dass sie es gespürt hat, dass sie heute etwas ganz Besonderes erlebt. Die Mäusekinder und Buddel sind erstaunt. Von nun an gehen alle gemeinsam täglich einmal auf die Wiese und entdecken jedes Mal eine neue, leuchtende, duftende Frühlingsblume.

Abschluss Ein Gespräch und eine kleine praktische Arbeit können sich anschließen: Gemeinsam pflanzen die Kinder Blumenzwiebeln in die Tontöpfe und stellen diese zunächst mit auf den Moosteppich. Neue Strophen vom Klaralied können gesungen werden. Danach werden die Blumentöpfe mit den Zwergen in die Landschaft gestellt, eine gelbe Maus und zwei bunte Mäuse werden herausgenommen. Für sie wird ein Stein oder ein anderes Dekorationsobjekt in die Landschaft gelegt. Die Mäuse werden bei leiser Musik wieder an die Kinder verteilt. Ein Kind holt zum Schluss eine neue Maus aus der Landschaft, die dann gemeinsam mit Klara auf den nächsten Tag wartet.

Rituallied	Klara, diese kleine Maus *(Melodie „Vogelhochzeit")*
Neue Strophen	Schneeglöckchen wiegen sich im Wind, die Klara staunt, wie schön sie sind. Fideralala … Auf der Wiese vor dem Haus, da sieht es nun nach Frühling aus. Fideralala … Blumenduft hüllt Klara ein, hier möchte sie noch lange sein. Fideralala …

Klara geht auf Spurensuche

Abschlussgeschichte für den letzten Tag der Reise durch den Frühling

Material Klara, Moos, 24 kleine, bunte Edelsteine, eine schöne Schachtel, der Korb mit Steinen und anderem Dekomaterial, ruhige Musik und ein Kassettenrekorder, ein Abdecktuch.

Raumvorbereitung Ein Stuhlkreis mit Blick auf die Landschaft wird gestellt. In der Kreismitte liegt ein kleiner Moosteppich. Die Edelsteine werden in die Schachtel gelegt. Alle Materialien stehen griffbereit und sind mit einem Tuch abgedeckt.

Einstieg Die Kinder sitzen im Kreis. Die Erzieherin sagt, dass Klara sich heute zum letzten Mal hier im Raum verstecken möchte. Sie bittet die Kinder, die Augen zu schließen und versteckt Klara im nahen Umfeld. Danach spricht und spielt sie das Fingerspiel von Klara. Diese wird jetzt von einem Kind gesucht und in die Mitte gesetzt. Die Erzieherin erzählt die letzte Klarageschichte.

Klara geht auf Spurensuche

Geschichte

Alle Mäusekinder sind nun aus dem Haus. Nachdem Klara ihr letztes Kind hinaus geschickt hat, um Frühlingsspuren zu suchen, sitzt sie allein in ihrer Wohnung und schaut auf das leere Mäusenest. Sie denkt an die schöne Zeit zurück, als es hier von Mäusekindern nur so wimmelte. Jeden Tag gab es eine Menge Überraschungen. Mal waren sie sehr schön, aber manchmal auch weniger schön. Sie erinnert sich daran, dass oft eines ihrer Kind Bauchweh hatte und sie dann stundenlang vor dem Bett saß und ihr krankes Mäusekind versorgte. Ein anders Mal musste sie einem Kinder den Schwanz schienen, da es sich diesen beim Herumstrolchen zwischen zwei Steinen eingeklemmt hatte. Klara erinnert sich auch noch an eine ganz schlimme Zeit: Alle Kinder hatten Fieber und Windpocken und Klara musste Tag und Nacht Fieber messen und Medizin verteilen. Zum Glück war Buddel in dieser Zeit immer für sie da und hat ihr geholfen. Klara denkt aber auch an die schönen Tage. Sie erinnert sich daran, wie alle gemeinsam Plätzchen gebacken haben, wie sie alle zusammen gespielt, gemalt oder gebastelt haben und wie sie ihren Kindern jeden Abend eine Geschichte erzählt hat.

Klara holt tief Luft und sagt leise: „Die Zeit mit meinen Kindern war eine schöne Zeit." Sie schaut in der Wohnung umher und wird ein wenig traurig. Nun ist es um sie herum so still und die Wohnung ist für sie alleine viel zu groß. Als sie so da sitzt, hat sie plötzlich eine Idee. „Ich gehe auch auf Spurensuche", sagt sie. „Vielleicht lerne ich unterwegs jemanden kennen, mit dem ich mir die Zeit vertreiben kann." Klara findet die Idee so gut, dass sie beschließt, sofort loszuziehen. Sie trippelt zu Buddel, doch er ist nicht da. „Er ist bestimmt auch auf Spurensuche", denkt Klara und schreibt ihm deshalb einen kurzen Abschiedsbrief. Dann trippelt sie los. Von ihrer Freundin, der Glitzerfee, will sie sich aber auch noch verabschieden. Darum läuft sie zu dem großen Baum. Als sie dort ankommt, sitzt die Glitzerfee in der Sonne und genießt die warmen Strahlen. „Hallo", sagt Klara. „Ich bin gekommen, um mich von dir zu verabschieden. Meine Frühlingsmäuse sind alle weg und meine Wohnung ist leer. Ich möchte nun auch auf Spurensuche gehen." „Das ist eine gute Idee", sagt die Glitzerfee. „Der Frühling wird dir bestimmt gefallen und du wirst noch viel entdecken können. Damit du aber immer an mich denkst, möchte ich dir etwas schenken." Die Glitzerfee geht und Klara wartet gespannt in der Sonne. Schon nach kurzer Zeit ist die Fee zurück. Sie hält eine schöne Schachtel in der Hand, öffnet sie und gibt Klara einen rosaroten Stein. Klara bewundert ihn. Der Stein erinnert sie an ihre rosa Mäusekinder. Die Glitzerfee schenkt ihr die Schachtel und Klara schaut hinein. In der Schachtel liegen noch viele kleine Steine. Sie sind alle so bunt, wie die Felle ihrer Frühlingsmäuse. „Dieses sind Frühlingssteine", sagt die Fee. „Schenk bitte jedem Menschenkind, das du unterwegs triffst, solch einen Stein und sag ihm, dass es den Stein immer bei sich tragen soll. So können sie ihn, so oft es geht, betrachten und werden dann wieder an die Schätze des Frühlings, an seine Wärme, seine Farben und seinen Duft erinnert. Der Stein kann auch zu einem Zauberstein werden, denn wenn die Menschen ihn betrachten und an den Frühling denken, dann wird aus Traurigkeit Freude und vielleicht aus einem grauen ein bunter Tag. Aber pass gut auf, dass du unterwegs keinen Frühlingsstein verlierst."

Klara nimmt die Schachtel, bedankt sich bei der Fee, verabschiedet sich und geht. Sie ist stolz auf ihre neue Aufgabe und will, so schnell es geht, viele nette Menschenkinder finden, denen sie diese Steine schenken kann. Klara braucht gar nicht lange zu gehen. Kurz hinter ihrem Feld sieht sie vor einem großen Haus spielende Kinder. Klara trippelt auf sie zu, versteckt sich zunächst hinter einem Busch und beobachtet die Kinder. Sie sieht, wie sie vorsichtig kleine Käfer auf ihrem Handrücken tragen und sie beobachtet, wie sie an den Blumen riechen und wie sie sich über die Frühlingssonne freuen. Klara spürt es sofort: diesen Kindern will sie die Frühlingssteine schenken. Als die Kinder wieder im Haus sind, traut sich Klara näher. Es muss ein ganz besonders Haus sein, denn die Fenster sind wunderschön bemalt und sie hört Kinder singen. Klara lauscht und hört ein Lied. Darin singen die Kinder von ihr und den Frühlingsmäusen. Jetzt weiß Klara, dass dies der richtige Ort ist. Sie läuft zur Tür, stellt die Schachtel ab und trippelt schnell zurück zum Busch. Dort versteckt sie sich wieder, denn sie möchte sehen, was geschieht. Aber oje, Klara ist so müde, dass sie einschläft. Als sie wieder wach wird, ist es um sie herum stockdunkel. Sie kann gar nichts sehen. Ganz vorsichtig trippelt sie in die Nacht hinaus.

Abschluss Die Erzieherin bittet die Kinder, die Augen zu schließen, um sich die Dunkelheit vorzustellen, in der Klara in die Nacht hinaus getrippelt ist. Haben alle die Augen geschlossen, nimmt sie Klara aus der Mitte, versteckt sie und bittet die Kinder, die Augen wieder zu öffnen. Die Erzieherin staunt gemeinsam mit ihnen, denn Klara ist fort. Zum Schluss legt sie für Klara einen Stein oder ein Dekorationsobjekt in die Landschaft und singt mit den Kindern noch einmal das Klaralied, die letzten Strophen singt sie ihnen vor.

Rituallied Klara, diese kleine Maus
(Melodie „Vogelhochzeit")

Neue Strophen Klara bleibt jetzt nicht zu Haus,
auch sie geht in die Welt hinaus.
Fideralala …

Mit Glück kannst du die Klara sehn,
du kannst ein Stück dann mit ihr gehn.
Fideralala …

Jetzt macht die Erzieherin es noch einmal spannend. Sie sagt, dass sie heute Morgen vor der Tür etwas gefunden hat. Sie bittet die Kinder, die Augen zu schließen und mit der Hand eine Schale zu machen. Sie schaltet den Rekorder mit der ihnen vertrauten Entspannungsmusik an und legt nun jedem Kind in die Handschale einen Frühlingsstein. Die Kinder öffnen die Augen und die Erzieherin sagt, dass diese Frühlingssteine von Klara sind. Die Kinder können sie von nun an immer in ihrer Tasche tragen. Gemeinsam werden in einem Gespräch Erinnerungen an die vergangenen Tage aufgefrischt und die Reise reflektiert.

Nun singt die Erzieherin die letzten beiden Strophen des Klaraliedes und schließt damit die Frühlings- und Osterreise ab.

Abschlussgeschichte für den letzten Tag der Reise durch den Frühling

Rituallied

Klara, diese kleine Maus
(Melodie „Vogelhochzeit")

Neue Strophen

Mit der Geschichte ist jetzt Schluss,
weil ich jetzt in den Frühling muss.
Fideralala …

Auf Wiedersehn, es war sehr schön,
mit euch durch diese Zeit zu gehn.
Fideralala …

Hinweis

Die Landschaft kann, wenn die Kinder es wünschen, noch einige Tage im Raum bleiben. Sie erinnert an Klara und ihre Frühlingsmäuse und regt vielleicht noch zu interessanten Gesprächen an.

Zusatzangebot

Wie wäre es als Höhepunkt der Frühlingsreise mit einem ersten Picknick oder mit einem spontanen Frühlingsfest zusammen mit den Eltern?

Inhalt der lila Seiten

Spiellied: Klara, diese kleine Maus
Spiellied: Hopsasa, der braune Hase
Spiel- und Tanzlied: Ja, heute Morgen um halb acht
Spiellied: Der Osterhase Willibald
Spiellied: Der Schnee, er schmilzt
Klanggeschichte mit Orff-Instrumenten:
    Wie aus einem Wintergarten ein Frühlingsgarten wird
Klanggeschichte mit Abfallprodukten:
    Schmuddelwetter im Frühling
Klanggeschichte mit Küchenutensilien:
    Ein Frühlingstag im Hotel Wiese

Klara, diese kleine Maus

Spiellied (Melodie Vogelhochzeit)

Hinweis Die einzelnen Strophen sind den Kindern durch das Ritual schon bekannt. Die Zusammenfassung aller Strophen kann als komplettes Angebot noch einmal gesungen, gespielt und mit Orff-Instrumenten begleitet werden.

Lied Klara, diese kleine Maus,
schickt heut ihr gelbes *(lila, rosa, orangenes)* Kind hinaus.
Fideralala ...

Es soll auf Spurensuche gehn,
und sich die Frühlingswelt ansehn.
Fideralala ...

Die kleine Maus geht nun hinaus,
sie sucht sich jetzt ein neues Haus.
Fideralala ...

Kaninchen trifft sie vor dem Bau,
die Klara kennt sie ganz genau.
Fideralala ...

Vögel zwitschern wunderschön,
die Klara bleibt vor ihnen stehn.
Fideralala ...

Regenwürmer, Käfer, Schnecken
kann die Klara heut entdecken.
Fideralala ...

Klara diese nette Maus,
nimmt Leonie heut mit nach Haus.
Fideralala ...

Spiellied

Nun ist die Maus nicht mehr allein,
und muss auch nicht mehr traurig sein.
Fideralala …

Zu ihr da kehrten, welch ein Glück,
die Freude und der Spaß zurück
Fideralala …

Schneeglöckchen wiegen sich im Wind,
die Klara staunt, wie schön sie sind.
Fideralala …

Auf der Wiese vor dem Haus,
da sieht es nun nach Frühling aus.
Fideralala …

Blumenduft hüllt Klara ein,
hier möchte sie noch lange sein.
Fideralala …

Klaras Haus, ja, das ist leer,
denn sie hat keine Kinder mehr.
Fideralala …

Klara bleibt jetzt nicht zu Haus,
auch sie geht in die Welt hinaus.
Fideralala …

Mit Glück kannst du die Klara sehn,
du kannst ein Stück dann mit ihr gehn.
Fideralala …

Zusatzangebot Dieses Spiellied kann auch als Theaterstück aufgeführt werden. Eine Gelegenheit dafür findet sich bestimmt.

Hopsasa, der braune Hase

Spiellied

Einstieg Ein Kind wird mit einer Hasenmaske in einen Hasen verwandelt und stellt den Inhalt des Spielliedes dar. Es können auch mehrere Kinder jeweils eine Strophe darstellen.

Melodie: Jörg Schnieder
Text: Ingrid Biermann

Hopsasa, der braune Hase,
sitzt im frischen, grünen Grase.
Er spitzt die Ohren, ist ganz still,
weil er den Wind jetzt hören will.

Refrain *(jeweils 2×)*
Hop-, hop-, hopsasa,
bitterkalt der Winter war.
Hop-, hop-, hopsasa,
endlich ist der Frühling da.

Hopsasa, der braune Hase,
springt herum im grünen Grase.
Er knabbert an dem frischen Grün,
um ihn herum die Blumen blühn.

Refrain Hop-, hop-, hopsasa …

Hopsasa, der braune Hase,
liegt im weichen, grünen Grase.
Er ruht sich in der Sonne aus
und hoppelt dann vergnügt nach Haus.

Refrain Hop-, hop-, hopsasa …

Ja, heute Morgen um halb acht

Spiel- und Tanzlied

Material Ein brauner Pappkarton, je eine Sonne, ein Vogel, eine Biene, ein Käfer und Blumen – alles aus Pappe ausgeschnitten, eine lange Schnur und Wäscheklammern.

Spiel- und Tanzlied

Raumvorbereitung	Die Pappmotive werden in den Karton gelegt, die Schnur wird durch den Raum gespannt, die Wäscheklammern liegen griffbereit.
Einstieg	Die Kinder stehen um den Karton herum. Jedes Kind singt eine Strophe des Liedes und hängt das entsprechende Motiv an die Schnur. Den Refrain singen die Kinder gemeinsam.
Variation	Alle Kinder singen die Strophen gemeinsam, jeweils einige Kinder hängen die Motive auf.
Refrain	Ja, heute Morgen um halb acht, da ist der Frühling aufgewacht. Stellt mir ein Päckchen vor die Tür, was drin ist, komm, das zeig ich dir.
	Vorbei ist nun die weiße Pracht, er hat die Sonne mitgebracht. Sie weckt die Pflanzen, Mensch und Tier, sie kommt mit Wärme auch zu dir. *(Sonne aufhängen)*
Refrain	Ja, heute Morgen um halb acht ...
	Die Vögel, Bienen, Käfer klein, wollen sich in der Sonne freun. Der Frühling weckt sie alle auf, das neue Jahr nimmt seinen Lauf. *(Vogel, Biene, Käfer aufhängen)*
Refrain	Ja, heute Morgen um halb acht ...
	Ganz viele Blumen, bunt und schön, kannst du im Frühling wiedersehn. Sie machen unsre Erde bunt, vertreiben schnell manch trübe Stund. *(Blumen aufhängen)*

Refrain Ja, heute Morgen um halb acht …

Die Menschen kommen angerannt
und reichen sich dann froh die Hand.
Sie tanzen froh im Sonnenschein,
der Frühling lädt sie dazu ein.
(Die restlichen Kinder kommen und tanzen nach der folgenden Musik)

Refrain *(alle Kinder singen)*
Ja, heute Morgen um halb acht …

Der Osterhase Willibald

Spiellied

Melodie: Jörg Schnieder
Text: Ingrid Biermann

Material Ein Paar braune Hasenohren aus Pappe, ein Korb mit bunten Bällen, braune Tücher, einige Blumenkränze aus Pappe, zwei gelbe Chiffontücher, ein großer, brauner Pappkarton.

Der Osterhase Willibald

Einstieg — Ein Kind wird mit Hilfe der Hasenohren in einen Osterhasen verwandelt. Es trägt einen Korb mit bunten Eiern *(Bälle)*. Aus Tüchern werden Nester gelegt. Ein paar Kinder bekommen einen Blumenkranz, sie stellen Blumen dar. Ein weiteres Kind hält Chiffontücher in seinen Händen und spielt die Sonne. Sie geht in der 2. Strophe zu Willibald und berührt seine Ohren mit den Tüchern. Ein brauner Pappkarton dient als Hasenhaus und steht in einer Raumecke. Die Kinder stellen den Inhalt des Spielliedes dar.

Refrain
Der Osterhase Willibald
sieht nicht mehr gut, er ist schon alt.
Doch trotzdem ist er jedes Jahr
zur Frühlingszeit dann wieder da.

Ganz frisch und munter hoppelt er
heut über Wiesen kreuz und quer.
Denn Willibald hat viel zu tun,
hat wenig Zeit sich auszuruhn.

Refrain Der Osterhase Willibald …

Er spitzt die Ohren, schaut umher,
die Frühlingssonne mag er sehr.
Die Eier für das Osterfest
legt Willibald in jedes Nest.

Refrain Der Osterhase Willibald …

Doch wenn es abends kälter wird
und Willibald ein wenig friert,
dann hoppelt er geschwind nach Haus,
ruht sich jetzt von der Arbeit aus.

Refrain Der Osterhase Willibald …

Der Schnee, er schmilzt

Spiellied

Melodie: Jörg Schnieder
Text: Ingrid Biermann

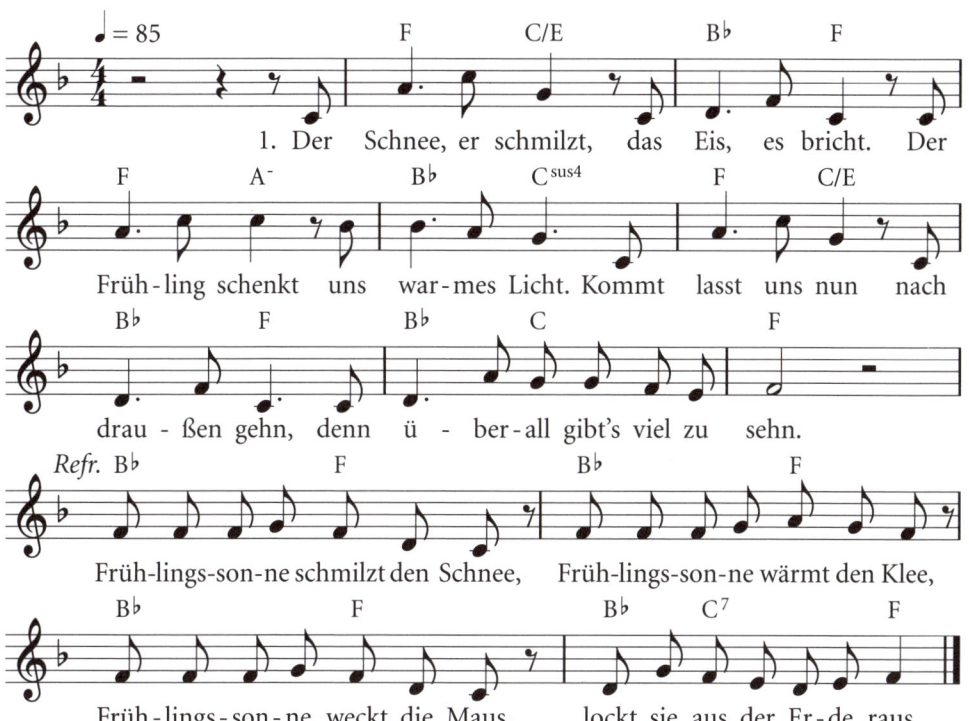

1. Der Schnee, er schmilzt, das Eis, es bricht. Der Frühling schenkt uns warmes Licht. Kommt lasst uns nun nach draußen gehn, denn überall gibt's viel zu sehn.

Refr. Frühlingssonne schmilzt den Schnee, Frühlingssonne wärmt den Klee, Frühlingssonne weckt die Maus, lockt sie aus der Erde raus.

Material   Eine Verkleidung für einen Schneemann, ein gelbes Tuch und einen Kopfschmuck für die Sonne, Blumenkränze als Kopfschmuck für die Blumenkinder, Gesichtsmasken für die Vögel und für eine Maus, eine zum Text passende Auswahl an Orff-Instrumenten.

Einstieg   Ein paar Kinder werden verkleidet und bewegen sich dem Text entsprechend. Mit Orff-Instrumenten kann das Lied von den anderen Kindern begleitet werden.

Der Schnee, er schmilzt

Refrain   Der Schnee, er schmilzt, das Eis, es bricht,
der Frühling schenkt uns warmes Licht.
Kommt, lasst uns nun nach draußen gehn,
denn überall gibt's viel zu sehn.

Refrain   Frühlingssonne schmilzt den Schnee,
Frühlingssonne wärmt den Klee,
Frühlingssonne weckt die Maus,
lockt sie aus der Erde raus.

Der Winterzeit ist nun vorbei,
die Vögel kommen all herbei.
Und Frühlingsblumen, ohne Zahl,
kannst du schon sehen, schau einmal.

Refrain   Frühlingssonne …

Der Frühling duftet klar und frisch
und gut gedeckt, so ist sein Tisch.
Komm her und reich mir deine Hand
ich geh mit dir durchs Frühlingsland.

Refrain   Frühlingssonne …

Wie aus einem Wintergarten ein Frühlingsgarten wird

Klanggeschichte mit Orff-Instrumenten

Hinweis Die Erzieherin sucht *(oder malt)* zwei Bilder, auf denen ein Garten im Winter bzw. ein Garten im Frühling zu sehen sind.

Material Je ein Bild von einem Frühlings- bzw. Wintergarten, eine große Auswahl an Orff-Instrumenten, viele kleine Blätter und ein Abdecktuch.

Raumvorbereitung In der Kreismitte liegen die beiden Gartenbilder. Sie sind mit vielen kleinen Blättern abgedeckt. Die Orff-Instrumente sind mit einem Tuch zugedeckt und liegen griffbereit.

Einstieg Die Kinder sitzen im Kreis. Sie entfernen nun nacheinander die Blätter und versuchen, während dieser Tätigkeit das Bildmotiv zu erraten. Sind beide Bilder aufgedeckt, kann ein Gespräch über den Unterschied zwischen einem Wintergarten und einem Frühlingsgarten angeregt werden. Danach erzählt die Erzieherin folgende Geschichte.

Geschichte

Frau Morgenrot hat einen großen Garten mit einer Wiese, vielen Obstbäumen, Gemüsebeeten und einem kleinen Teich. Das ganze Jahr über hat sie hier viel zu tun. Nur im Winter, da können sie und der Garten ruhen. Er liegt dann unter einer warmen Decke aus Schnee und darunter hält die Natur ihren Winterschlaf. Frau Morgenrot freut sich schon darauf, wenn, wie jedes Jahr, aus ihrem Wintergarten wieder ein Frühlingsgarten wird. Da sie diesen Zauber miterleben will, steht sie täglich am Fenster und schaut in ihren Wintergarten. Doch fast immer geschieht dieser Zauber sehr schnell und wenn Frau Morgenrot eines Tages aus dem Fenster schaut, dann ist aus ihrem Wintergarten ein Frühlingsgarten geworden, ohne dass sie es richtig miterleben konnte.

So ist es auch in diesem Jahr. Eines Morgens verabschiedet sich lautlos der Winter. Er schickt seinen leisen, warmen Wind auf die Erde, der, wie mit einem Besen, den Schnee von den Wiesen, Feldern und Straßen fegt. Dann holt er seine Freundin, die Frühlingssonne, hinzu. Sie schickt ihre warmen Strahlen zur Erde und lässt so das Eis wieder zu Wasser werden. Ganz langsam tauen die Pfützen auf und auch das Eis auf dem kleinen Teich verschwindet. Das Wasser spürt sofort die Wärme und rollt sich vor Freude hin und her. Auch die Fische im Teich, die bisher fest geschlafen haben, bemerken die Wärme, werden wach und gleiten durch das warme Wasser. In der Zwischenzeit haben die Sonnenstrahlen auch den gefrorenen Wiesenboden aufgeweicht. Die Erde freut sich, von der Erstarrung befreit zu sein und dehnt sich aus. Die Regenwürmer, die ebenfalls die Sonne spüren, kriechen ganz langsam an die Erdoberfläche. Endlich können sie wieder ihre Spaziergänge machen und in der weichen Erde wühlen und buddeln. Leise klopfen die Sonnenstrahlen an die Rinde des alten Apfelbaumes. Die kleinen Käfer, die den Winter hier verbracht haben, werden vom Klopfen geweckt. Sie spüren die Wärme der Frühlingssonne und krabbeln schnell ans Tageslicht. Jetzt können auch sie sich wieder auf Wanderschaft machen und den Frühling genießen. Nun weckt die Sonne die ersten Frühlingsblumen. Sie schickt den Schneeglöckchen all ihre warmen Strahlen. Ganz langsam recken und strecken sie sich, öffnen ihre kleinen Glocken und wiegen sich leise im Frühlingswind hin und her. „Jetzt ist der Frühlingsgarten wunderschön", denkt die

Sonne und ruht sich am Himmel aus. Sie wartet gespannt auf Frau Morgenrot, die am Fenster steht und ihren Frühlingsgarten bestaunt. „Schon wieder habe ich den Zauber verpasst", sagt sie, ohne sich zu ärgern. Sie geht hinaus in ihren Frühlingsgarten und setzt sich auf die Bank, die direkt am Gartenteich steht. Dort lässt sie sich von den Strahlen der Frühlingssonne wärmen, schaut den Käfern beim Krabbeln und den Regenwürmern beim Buddeln zu, hört das Plätschern in ihrem Teich, sieht den Fischen zu, die hin und wieder einen Sprung aus dem Wasser wagen, spürt den warmen Frühlingswind auf ihrer Haut und sieht die Schneeglöckchen tanzen. Und wenn sie ganz leise ist, dann kann Frau Morgenrot sie sogar läuten hören.

Abschluss Die Instrumente werden in die Kreismitte gelegt und in einer Experimentierphase ausprobiert. Danach werden sie den Handlungen der Geschichte zugeordnet, die Geschichte wird verklanglicht.

Hinweis Da in jedem Kindergarten unterschiedliche Instrumente vorhanden sind, möchte ich nur einige Beispiele zur Verklanglichung machen:

Wind: Handtrommel oder Besen
Frühlingssonne: Triangel
Wasser: Glockenspiel
Käfer: Schellenband

Schmuddelwetter im Frühling

Klanggeschichte mit Abfallprodukten

Hinweis	Die Erzieherin bastelt eine Wetteruhr aus einem großen, flachen Pappteller. Auf ihm sind fünf Symbole für Sonne, Regen, Schnee, Wolken und Wind zu sehen. Ein Zeiger, den man wie bei einer Uhr drehen kann, wird in der Mitte befestigt. Zusätzlich sammelt sie, zusammen mit den Kindern, einige Tage vorher Blechdosen, Plastikflaschen, Gläser, Dosen, Schachteln, Kronkorken, usw.
Material	Die vorbereitete Wetteruhr, ein Korb, gefüllt mit dem oben genannten Müll, ein Abdecktuch, eventuell Bastelmaterial, um mit den Kindern eine Wetteruhr herzustellen.
Raumvorbereitung	Ein Stuhlkreis wird gestellt. Alle Materialien liegen griffbereit und sind mit einem Tuch abgedeckt.
Einstieg	Die Erzieherin lässt mit den Kinder das Wetter der letzten Tage Revue passieren. Danach zeigt sie die Wetteruhr und geht auf das Schmuddelwetter im Frühling ein. Nun wird die folgende Geschichte erzählt.

Geschichte

Jeder von uns kennt es, das Schmuddelwetter. Gestern schien noch die Sonne, heute regnet es und morgen kann es schon wieder schneien. So ein Schmuddelwetter bringt der Frühling häufig mit sich. Da will der Winter mit Eis und Schnee noch nicht gehen, aber der Frühling mit seiner Wärme will schon kommen, da fällt aus den Wolken mal Regen und mal Schnee, da bläst der Wind mal wie im Herbst und ein anderes Mal scheint die Sonne so warm wie im Sommer. Die Menschen auf der Erde müssen sich dann jeden Tag vom Wetter überraschen lassen. Viele Menschen machen sich daraus einen Spaß und ärgern sich gar nicht darüber. Nur Pit, der findet diese Schmuddelwetterzeit gar nicht schön und ist oft sogar sehr ärgerlich darüber. So auch heute. Eigentlich ist schon lange Frühling, doch als Pit heute morgen aufsteht und aus dem Fenster schaut, traut er seinen Augen kaum. Dicke Schneeflocken fallen auf die Erde und das macht ihn wütend. Eigentlich wollte er heute mit seinem Freund Benno einen langen Entdeckungsspaziergang machen, um viele Dinge zu sammeln. Doch bei diesem Wetter wird das wohl nichts. Als Pit weiter dem Spiel der dicken Flocken zuschaut, klingelt es. Er öffnet die Haustür und ein eisiger Wind weht ihm um die Nase. Benno ist gekommen und hat eine Tüte in der Hand. Angezogen wie im Winter steht er da und will Pit abholen. Zuerst knurrt Pit ein wenig, aber dann zieht auch er sich seine dicke Winterjacke an, holt eine Tüte und beide stiefeln durch den Schnee. Die Schneeflocken fallen ohne Pause und die Frühlingswelt sieht aus wie im Winter. Doch nach einiger Zeit hört es auf zu schneien, der Wind schiebt die Wolken auseinander und die Sonne kann wieder ihre Kraft zeigen. Die Strahlen fallen auf die Erde und schon bald ist aus dem Schnee Wasser geworden, das von den Bäumen, Sträuchern und Häusern auf die Erde tropft. Pit und Benno wird so warm, dass sie ihre Jacken, ja sogar ihre Pullis ausziehen müssen. Sie stopfen alles in ihre Tüten, die eigentlich für das, was sie heute sammeln wollten gedacht waren. Pit und Benno gehen weiter und freuen sich über die warme Sonne. Doch, o weh, in der Ferne sehen sie große, dunkle Regenwolken. Der Wind bläst sie direkt auf die beiden Jungen zu. Im Nu ist die Sonne hinter den dunklen Wolken verschwunden und von einem Augenblick zum anderen fallen Regentropfen auf die Erde. Aus dem leichten Regen wird ein Platzregen.

Schmuddelwetter im Frühling

Pit und Benno können gerade noch in einen Schuppen laufen. Von dort beobachten sie den Regen und hören, wie er unaufhörlich auf das alte Schuppendach prasselt. Ein starker Wind kommt auf und zieht durch alle Ritzen. Pit und Benno beginnen zu frieren und müssen ihre Pullis und Jacken wieder anziehen. Lange stehen sie im Schuppen, denn der Regen will nicht enden. Endlich hört es doch auf. Der Wind schiebt die Wolken auseinander und die Sonne lässt sich wieder sehen. Doch jetzt brechen Pit und Benno ihren Spaziergang ab. Sie laufen schnell zu Pit nach Hause, denn weit hinten sehen sie schon wieder dunkle Wolken. „Dann spielen wir heute eben in meinem Zimmer", sagt Pit. Als Benno nach einiger Zeit zufällig aus dem Fenster schaut, ruft er: „Es schneit schon wieder" und beide drücken ihre Nasen an die Fensterscheibe. „Das Schmuddelwetter ärgert mich heute nicht mehr", sagt Pit. Beide drehen sich um, spielen weiter und lassen es schneien.

Abschluss Die Kinder bekommen die Abfallprodukte und versuchen, damit Geräusche zu erzeugen. Nach dieser Experimentierphase werden die Materialien dem Wetter zugeordnet und die Geschichte kann verklanglicht werden. Sollten die Kinder Interesse an einer eigenen Wetteruhr haben, so kann diese im Laufe des Tages gebastelt werden.

Ein Frühlingstag im Hotel Wiese

Klanggeschichte mit Küchenutensilien

Hinweis Bevor es losgeht, gehen die Kinder mit der Erzieherin in die Kindergartenküche und suchen nach Dingen, mit denen Geräusche erzeugt werden können. Dabei kann schon munter experimentiert werden. Die Küchengeräte werden in einem Korb gesammelt.

Material Eine Auswahl an Gegenständen aus der Küche wie z. B. Löffel, Töpfe, Topfdeckel, Dosen, Tassen, Becher, Gläser.

Einstieg Die Kinder sitzen im Kreis und die Erzieherin beginnt die Geschichte mit einer kurzen Fantasiereise.

Schließt einmal eure Augen und stellt euch eine wunderschöne Wiese vor. Sie ist umgeben von grünen Büschen und großen, dicken Laubbäumen. Auf dieser Wiese wachsen herrlich leuchtende Frühlingsblumen und wenn ihr nun ganz leise seid, dann könnt ihr vielleicht hören, wie wunderbar ruhig es hier ist.

(Kurze Pause)

Öffnet nun eure Augen, denn ich möchte euch noch mehr von dieser Wiese erzählen. Sie ist ein Hotel für viele Tiere und jedes Jahr im Frühling herrscht hier ein reges Treiben. Tiergäste aus Nah und Fern kommen, um sich auf dieser Wiese von der kalten langen Winterzeit zu erholen. Das Wiesenhotel ist schon zu Beginn der Frühlingszeit gut besucht. Dann ist hier – wie nirgendwo anders – ein Summen und Brummen, ein Zirpen und Piepsen zu hören. Überall kribbelt und krabbelt es und manchmal ist das Wiesenhotel bis zum letzten Platz ausgebucht. Sogar größere Tiere machen hier, wenn sie einen Platz finden, Urlaub. Schließt noch einmal eure Augen und versucht, euch das Kribbeln und Krabbeln im Wiesenhotel vorzustellen.

(Kurze Pause)

Ein Frühlingstag im Hotel Wiese

Geschichte

Auch in diesem Jahr ist das Wiesenhotel bei den großen und kleinen Tieren sehr gefragt. Kaum ist der Schnee geschmolzen und die Frühlingssonne da, machen sich die Tiere wieder auf den Weg dorthin. Familie Käfer, die den Winter unter einem Holzhaufen verbracht hat, krabbelt mit ihren vielen Kindern schon ganz früh los. Es geht über Stock und Stein, über gefährliche Straßen, über Brücken, vorbei an Wohnsiedlungen und Feldern. Ihr Weg zum Wiesenhotel ist sehr weit. Doch sie sind nicht allein unterwegs. Schon nach kurzer Zeit treffen sie Herrn und Frau Spinne. Auch die beiden wollen im Wiesenhotel Urlaub machen. Da sie den gleichen Weg haben, krabbeln und laufen sie zusammen über Stock und Stein, über gefährliche Straßen, über Brücken, vorbei an Wohnsiedlungen und Feldern. Unterwegs treffen sie Frau Schnecke. Sie kriecht ganz allein daher und auch ihr Ziel ist das Wiesenhotel. Frau Schnecke, Familie Käfer und Herr und Frau Spinne kennen sich noch vom letzten Jahr. Damit Frau Schnecke nicht allein gehen muss, nehmen Familie Käfer und Herr und Frau Spinne sie mit. Nun krabbeln, laufen und kriechen sie über Stock und Stein, über gefährliche Straßen, über Brücken, vorbei an Wohnsiedlungen und Feldern. Nach vielen, vielen Stunden sind sie am Wiesenhotel angekommen. Doch, was ist das? Sie sind nicht die ersten Gäste. Im Hotel kribbelt und krabbelt, summt und brummt es noch mehr als im letzten Jahr. O weh, hoffentlich finden die Käferfamilie, Herr und Frau Spinne und Frau Schnecke noch einen Platz! Doch da kommt auch schon der dicke Maikäfer, Herr Summsebrumm. Er ist der Chef vom Wiesenhotel und weiß genau, wo noch Plätze frei sind. Zuerst bittet er Familie Käfer mitzukommen. Herr Summsebrumm fliegt voran und Familie Käfer krabbelt hinterher. An einem wunderschönen, großen Blatt halten sie an. Hier kann Familie Käfer Urlaub machen und der Platz gefällt allen sehr gut. Nun fliegt Herr Summsebrumm zurück und holt Herrn und Frau Spinne ab. Herr Summsebrumm fliegt voran und die Beiden laufen hinterher. Schon nach kurzer Zeit sind sie am Ziel. Herr und Frau Spinne können es sich in einem Steinhaufen bequem machen. Die Wohnung gefällt ihnen gut und Herr Summsebrumm fliegt zurück. Frau Schnecke wartet schon ungeduldig. Sie will endlich auch in ihr Hotelzimmer einziehen. Herr Summsebrumm bringt sie zu einem Labyrinth aus langen Gräsern. Das ist für Frau Schnecke genau der richtige Platz.

Klanggeschichte mit Küchenkleingeräten

Nun ist das Wiesenhotel bis zum letzten Platz ausgebucht und Herr Summsebrumm fliegt über die Wiese, um von oben nachzuschauen, ob alles in Ordnung ist. Die Sonne scheint und lockt alle Gäste ins Freie.

Den ganzen Tag ist ein Summen, Brummen und Zirpen zu hören, wie sonst auf keiner anderen Wiese. Überall krabbeln, kriechen, fliegen und laufen Tiere herum. Erst am Abend, wenn der Mond aufgeht, kehrt Ruhe ein im Wiesenhotel. Zufrieden legen sich die Hotelgäste schlafen. Nur Herr Summsebrumm ist noch wach und fliegt noch einmal über die Wiese, um nach dem Rechten zu schauen. Alles ist in Ordnung und nun kann auch Herr Summsebrumm sich schlafen legen. „Das war ein herrlicher Frühlingstag", sagt er leise und schläft ein.

Abschluss Der Korb mit den Küchenutensilien wird in die Kreismitte gestellt. Nach einer weiteren Experimentierphase werden die Materialien den Bewegungen und Geräuschen, die verklanglicht werden sollen, zugeordnet. Jetzt wird die Geschichte erneut erzählt und dabei verklanglicht.

Sollte das Wetter es erlauben, so können die Kinder auf die Kindergartenwiese gehen und nachschauen, welche Gäste sich in ihrem Wiesenhotel zur Zeit aufhalten. Das gesamte Angebot kann auch von Anfang an auf der Wiese stattfinden, dann müsste allerdings der Einstieg dementsprechend verändert werden.

Inhalt der rosa Seiten

Fingerspielgeschichte: Schau, hier ist ein Mauseloch
Ratevers: Viele kleine weiße Glocken
Ratevers: Frühlingsnebel zieht durchs Land
Reimgeschichte: In einem Baum am Weiher
Mitmachgeschichte: Die drei Hühner Tick, Tack und Tuck
Mitmachgeschichte: Im Frühling geh' ich in den Garten
Geräuschgeschichte: Ein arbeitsreicher Tag auf dem Hof von
    Bauer Stork
Malgeschichte: Hokus, pokus, 1, 2, 3, ich mal ein großes Hühnerei
Malgeschichte: Schaut her, ich male nun ein Tier
Geschichte: Tut mir Leid, hab keine Zeit

Schau, hier ist ein Mauseloch

Fingerspielgeschichte

Material   Ein kleiner Karton, eine Schere, Klebstoff und Krepppapier.

Vorbereitung   Die Erzieherin malt einen kleinen Karton braun an und schneidet an einer Seite ein Loch hinein. Nun gestaltet sie den Karton mit Krepppapier so, dass ein Mauseloch erkennbar wird.

Einstieg   Den Kindern wird der Karton gezeigt. Sie können hineinschauen und sich ausdenken, wer wohl hier aus diesem Loch herauskommen könnte. Jetzt erzählt die Erzieherin die Mauselochgeschichte und macht dazu die passenden Fingerbewegungen.

Geschichte   Schau, hier ist ein Mauseloch,
*(Mit den Fingern einer Hand ein Mauseloch zeigen.
Mit der andern Hand hinten die Öffnung zuhalten,
sodass das Loch dunkel wirkt)*
ich glaub, die Maus, sie schläft dort noch.
(Dieses Loch an ein Ohr halten)

Psst, sei still, ich schau hinein,
(Das Loch so vor ein Auge halten)
das Loch ist dunkel und ganz klein.
(Immer noch hineinschauen)

Doch jetzt will jemand schnell heraus,
ich glaub es ist die kleine Maus.
(spannend und leise sprechen)

Schau, der Schwanz ist schon zu sehn,
(Den Zeigefinger lang durch das Mauseloch stecken)
mal wackelt er, mal bleibt er stehen.
(Mit dem Zeigefinger wackeln und ihn still halten)

Fingerspielgeschichte

Und plötzlich schaut die kleine Maus
*(Zeige-, Mittel-, Ring- und kleinen Finger der andern Hand
auf den Daumen legen und durch das Mauseloch schieben)*
aus ihrem Mauseloch heraus.

Sie trippelt überall umher,
(Mit den Fingern der einen Hand hin und her trippeln)
den Frühling, ja, den mag sie sehr.
(Immer noch trippeln)

Sie sitzt still und schaut ganz stumm
hier und da und dort herum.
(Die Finger auf den Daumen legen und die Hand hin und her bewegen)

Die Frühlingssonne wärmt ihr Fell,
(Die andere Hand auf die Maushand legen)
doch schau, nun trippelt sie ganz schnell.
(Mit der Hand Trippelbewegungen machen)

Sie läuft zurück ins Mauseloch,
(Mit der Maushand in das Mauseloch kriechen)
nur ihren Schwanz, den sieht man noch.
(Den Zeigefinger durch das Mauseloch schieben)

Doch nun ist auch der Schwanz ganz fort,
ein Loch, es bleibt an diesem Ort.
(Wieder das Mauseloch zeigen)

Es ist dunkel, es ist still,
(Das Loch vor ein Auge halten)
weil die Maus jetzt schlafen will.

Leise schleich ich auch nach Haus,
*(Leise sprechen, den Zeigefinger vor den Mund halten,
pantomimisch Gehbewegungen machen)*
denn die Geschichte ist nun aus.

Abschluss Diese Geschichte kann von den Kindern gespielt oder als Reim- oder Klanggeschichte weiter vertieft werden.

Viele kleine weiße Glocken

Ratevers

Material Ein Strauß Frühlingsblumen *(ohne Schneeglöckchen)*, eine Vase mit Wasser, einige Schneeglöckchen, ein schönes Tuch, ein Kassettenrekorder, ruhige Musik.

Raumvorbereitung Ein Stuhlkreis wird gestellt, der Kassettenrekorder steht griffbereit. Die restlichen Materialien liegen so, dass die Kindern sie noch nicht sehen können.

Einstieg Die Kinder sitzen mit geschlossenen Augen im Kreis, sie bilden mit der Hand eine Schale. Dort hinein legt die Erzieherin jeweils eine Blume. Vorsichtig können die Kinder die Blume erfühlen und ihren Duft riechen. Dann öffnen sie die Augen und betrachten ihre Blume. Diese Phase kann mit Musik untermalt werden. Jetzt legt die Erzieherin das Tuch in die Mitte und stellt die Vase darauf. Die Kinder können ihre Blumen benennen und in die Vase stellen, so entsteht ein bunter Frühlingsstrauß. Ein Gespräch über Frühlingsblumen schließt sich an. Die Erzieherin bittet die Kinder, bei dem folgenden Ratevers gut aufzupassen, denn sie sollen die beschriebene Blume erraten. Die Kinder können mitmachen, indem sie jeweils das letzte Wort in der zweiten Zeile nennen.

Ratevers Viele, kleine, weiße Glocken
wollen uns nach draußen … (locken)

Stehen zwischen kaltem Schnee
und auch zwischen grünem … (Klee)

Läuten leis den Frühling ein,
wollen stille Boten … (sein)

Locken jeden aus dem Haus,
sagen leise: „Komm …" (heraus)

Viele kleine weiße Glocken

Sie stehen still im Sonnenschein,
sie sind ganz zart und winzig … (klein)

Kommt der Wind, dann tanzen sie
nach einer Frühlings … (Melodie)

Jeder bleibt vor ihnen stehn,
denn sie sind herrlich anzu … (sehn)

Sie schenken uns ein leises Lachen,
sie wollen uns viel Freude … (machen)

Sie bringen eine schöne Zeit,
der Frühling macht sich dann … (bereit)

Der Winter, der macht eine Pause,
er bleibt für ein Jahr nun zu … (Hause)

Sag mir schnell, wenn du es weißt,
wie diese Frühlingsblume … (heißt)

Du hast sie sicher schon gesehn,
weil sie an jeder Ecke … (stehn)

(Schneeglöckchen)

Ratevers

Die Erzieherin zeigt die Schneeglöckchen, die auch in die Vase gestellt werden.

Abschluss

Die Kinder falten aus einem quadratischen weißen Blatt ein Schneeglöckchen. *(Quadrat zum Dreieck knicken, Dreieck noch mal auf die Hälfte zusammenfalten und wieder auffalten. Jetzt ist die Mitte markiert. Die äußeren Spitzen des Dreiecks so nach oben knicken, dass sie über den Rand schauen: es ist eine Blüte mit drei Spitzen entstanden.)* Aus grünem Papier Stiel und Blätter ausschneiden und alles zusammenkleben. Mit den Schneeglöckchen können nun Fenster, Wände oder ganze Räume in ein Frühlingszimmer verwandelt werden.

Frühlingsnebel zieht durchs Land

Ratevers

Material   Ein besonders schönes Frühlingsbild *(zum Beispiel ein Kalenderbild)* und dünnes Pergamentpapier.

Vorbereitung   Die Erzieherin überzieht das Frühlingsbild mit dünnem Pergamentpapier. Dadurch macht sie das Bild „nebelig".

Einstieg   Die Erzieherin zeigt den Kindern das Bild, das zu einem Gespräch über den Nebel anregen soll. Danach trägt sie den folgenden Vers vor. Bei diesem Reim sprechen die Kinder das letzte Wort bzw. die letzten Silben in der jeweils zweiten Zeile mit.

Ratevers   Frühlingsnebel zieht durchs Land,
verschleiert heut so aller… (hand).

Ganz leise deckt er alles zu,
und schenkt der Welt so ihre … (Ruh).

Ratevers

Die Blumenkinder, zart und klein,
hüllt sanft der graue Nebel … (ein).

Auch die Käfer, Würmer, Schnecken,
die will der Nebel heut ver… (stecken).

Der Frühlingsnebel kommt ganz still,
weil er die Welt nicht stören … (will).

Verschleiert ist der frühe Morgen,
die Welt, sie ruht, fühlt sich ge… (borgen).

Nun zieht der Nebel leise fort
an einen weit entfernten … (Ort).

Die Welt liegt jetzt im Sonnenschein,
es wird ein schöner Morgen … (sein).

Mal Nebel, Sonne und auch Schnee
bedecken Wiese und den … (Klee).

Im Frühling ist es nun mal so,
trotzdem sind Mensch und Tiere … (froh).

Abschluss Die Erzieherin entfernt das Pergamentpapier und die Kinder betrachten das Bild noch einmal, um dabei den Unterschied festzustellen.

Zusatzangebot Dieser Mitmachvers lässt sich gut verklanglichen.

In einem Baum am Weiher

Reimgeschichte

Material Stroh oder Heu, kleine Zweige, Gras, ein großes, einfarbiges Abdecktuch, zwei kleine Dekoeier.

Raumvorbereitung Das Material liegt griffbereit und ist mit einem Tuch abgedeckt.

Einstieg Die Kinder sitzen im Kreis, die Erzieherin stellt ihnen eine Rateaufgabe. Zunächst legt sie das Abdecktuch in die Mitte und baut darauf aus Stroh oder Heu, kleinen Zweigen und Gras ein Nest. Die Kinder können während des Bauens schon raten, was da gerade entsteht. In das fertige Nest legt die Erzieherin die beiden Dekoeier. Die so gestaltete Mitte regt zu einem Gespräch an. Dabei sollte auch darauf hingewiesen werden, dass Vogeleier in einem Nest in freier Natur nie angefasst werden dürfen, da die Vogeleltern sonst nicht mehr weiter brüten.

Jetzt erzählt die Erzieherin die Reimgeschichte, die Kinder können das letzte Wort in der jeweils Zeile mitsprechen.

Geschichte

In einem Baum am Weiher
liegen im Nest zwei Vogel… (eier).

Vogelmama hat viel zu tun,
sie kann am Tage wenig… (ruhn).

Sie wärmt die Vogeleier
im alten Baum am… (Weiher).

Vogelpapa kommt in der Nacht,
dann übernimmt er treu die… (Wacht).

Auch er hat nun sehr viel zu tun,
kann in der Nacht nicht lange… (ruhn).

Er wärmt die Vogeleier
im alten Baum am… (Weiher).

Tagein, tagaus müssen sie brüten
und ihre Eier gut be… (hüten).

Ist einmal unbewacht ihr Haus,
dann nimmt ein Dieb die Eier… (raus).

So beschützen sie die Eier
im alten Baum am… (Weiher).

Doch nach einer langen Zeit
ist es endlich dann so… (weit).

Das Warten, das ist nun vorbei,
es knackt nun in dem Vogel… (ei).

Es platzen auf die Eier
im alten Baum am… (Weiher).

Aus jedem Ei schlüpft nun heraus
ein Vogelkind, schön sieht es … (aus).

Kann noch nicht flattern, noch nicht fliegen,
muss lange noch im Nest hier … (liegen).

Leer sind die Vogeleier
im alten Baum am … (Weiher).

Doch mit ihrer ganzen Kraft
haben die Vögel es ge… (schafft).

Nach ganz vielen Übungsstunden
sind sie auf einmal dann ver… (schwunden).

Das Nest ist leer am Weiher
ohne Vögel, ohne … (Eier).

Abschluss Die Reimgeschichte kann als Spielgeschichte dargestellt werden.

Zusatzangebot Ein Frühlingsspaziergang kann sich anschließen. Dabei kann Ausschau nach einem mit Eiern gefüllten Vogelnest gehalten werden. Dieses können alle gemeinsam dann in kurzen Abständen besuchen und beobachten. Mit etwas Glück kann man das Schlüpfen der Vogelkinder miterleben.

Tipp In Filmbildstellen kann man sehr gute Filme ausleihen, die den Nestbau der Vögel und das Brüten zeigen.

Die drei Hühner Tick, Tack und Tuck

Mitmachgeschichte

Material   Ein Stoffbeutel, drei hart gekochte Eier, *(ein Ei davon liegt im Stoffbeutel)*, etwas Stroh *(oder braune Tücher)*, eventuell drei Dekohühner aus Stroh oder Hühner aus Luftballons *(Anleitung am Ende des Angebotes)*, ein großes Abdecktuch, doppelseitiges Klebeband.

Raumvorbereitung   Das Material liegt griffbereit und ist mit einem Tuch abgedeckt.

Einstieg   Die Kinder sitzen im Kreis, der Stoffbeutel wird herumgereicht. Durch Fühlen erraten die Kinder den Inhalt, dürfen ihn aber noch nicht nennen. Wenn alle gefühlt haben, nennen sie auf ein Kommando hin den Gegenstand. Das Ei regt zu einem Gespräch über Eier und Hühner an. Die Erzieherin holt die anderen Eier und erzählt, dass Tick, Tack und Tuck sie gelegt haben. Aus Stroh werden in der Kreismitte drei Nester aufgebaut, dorthinein werden Hühner und Eier gesetzt. Die Erzieherin erklärt die Spielregeln für die Mitmachgeschichte und dann kann es losgehen.

Spielregel   Bei dieser Geschichte spielen die Kinder mit, d. h. bei dem Wort Tick stehen sie auf, bei dem Wort Tack setzen sie sich, bei dem Wort Tuck knien sie sich auf den Boden.

Die drei Hühner Tick, Tack und Tuck

Geschichte

In der Osterzeit haben die Hühner richtig viel Stress. Sie müssen immer viel fressen, damit sie große Eier legen. Fressen macht zwar Spaß, aber das Eierlegen ist ganz schön anstrengend. Also beschließen eines Nachts, als der Mond durch das morsche Dach des Hühnerstalls scheint, die zwei Hühner Tick und Tack, ab sofort keine Eier mehr zu legen. Am nächsten Morgen, als die Bäuerin wie immer die Nester leeren will, ist sie erstaunt. Tick hat kein Ei gelegt. Als sie weitergeht und ins Nest von Tack schaut, ist auch dort kein Ei zu finden. Kopfschüttelnd sammelt sie die Eier bei den anderen Hühnern ein. Tack und Tick freuen sich, dass die Bäuerin nicht mit ihnen geschimpft hat. Also beschließen Tick und Tack, am anderen Morgen wieder kein Ei zu legen. Wie immer kommt die Bäuerin auch am nächsten Morgen sehr früh. Zuerst geht sie heute zum Nest von Tack. Wieder liegt kein Ei im Nest. Dann geht sie zu Tick. Auch dort liegt keines. Etwas mürrisch schaut sie Tick und dann auch Tack an, schüttelt den Kopf und geht weiter. Tack und Tick freuen sich, wieder hat die Bäuerin nicht mit ihnen geschimpft. Auch am nächsten Tag wollen Tick und Tack wieder kein Ei legen. Das ganze Spiel beobachtet das Huhn Tuck. Es hat bis jetzt jeden Tag ein Ei gelegt. Da es aber auch keine Lust mehr hat, nimmt es sich vor, genau wie Tick und Tack am nächsten Tag kein Ei zu legen. Als die Bäuerin frühmorgens in den Hühnerstall kommt, geht sie sofort zum Nest von Tick. Wieder ist kein Ei im Nest, schnell läuft sie zum Nest von Tack. Auch dort ist kein Ei und als sie jetzt auch bei Tuck kein Ei im Nest findet, wird sie böse. Sie läuft zu Tick und schimpft, dann läuft sie zu Tack und schimpft und zum Schluss läuft sie zu Tuck und schimpft. Zur Strafe bekommen Tuck, Tick und Tack heute kein Futter und müssen den ganzen Tag im Hühnerstall bleiben. Während die andern Hühner sich in der Frühlingssonne vergnügen, sitzen Tick, Tack und Tuck allein im dunklen Stall und hungern. Mit einem Mal schauen sich Tuck, Tick und Tack an und wie abgesprochen gackern und drücken sie ganz laut. Die Bäuerin hört das Geschrei und kommt angelaufen. Tack, Tick und Tuck fliegen von ihrem Nest und erfreut holt die Bäuerin aus jedem Nest ein riesengroßes Ei. „So ist es richtig", sagt sie und gibt Tuck, Tick und Tack eine Handvoll Körner. Von jetzt an legen Tuck, Tick und Tack wie alle anderen Hühner bis Ostern jeden Tag brav ihre Eier, denn ohne Futter ist das Leben kein richtiges Hühnerleben.

Mitmachgeschichte

Abschluss	Die Geschichte kann auch dargestellt werden. Einzelne Kinder spielen den Inhalt nach.
Kreativangebot	Ein Luftballonhuhn
Material	Für jedes Kind zwei weiße Luftballons, braune und rote Pappe, Federn, Klebstoff, eine Schere und dicke Filzstifte.
Herstellung	Die beiden Luftballons werden aufgeblasen und miteinander verknotet. Aus roter Pappe werden zwei große Füße geschnitten. Darauf werden mit Klebstoff die Luftballons geklebt. Mit Hilfe der Federn, der Pappe und den Filzstiften wird das Huhn gestaltet.
Tipp	Die Geschichte bringt viel Bewegung und Spaß, sie eignet sich auch gut zur Begrüßung auf einem Elternabend oder für ein Frühlingsfest mit vielen Mitspielern.

Im Frühling geh' ich in den Garten

Mitmachgeschichte in Versform

Für Kinder, denen ein Garten fremd ist, kann dieses Angebot eine bereichernde Erfahrung sein.

Material Einige Obst- und Gemüsesorten, einige Kleingartengeräte, Blumenzwiebeln, Gartenerde, Samen, eine Augenbinde, ein Obstmesser und ein Abdecktuch.

Raumvorbereitung Ein Stuhlkreis wird gestellt, das Material liegt griffbereit, es ist mit einem Tuch abgedeckt.

Einstieg **Ratespiel**
Die Kinder sitzen im Kreis und die Erzieherin stellt pantomimisch einige Bewegungen dar, z. B. harken, hacken, pflücken usw.
Die Kinder erraten diese Tätigkeiten, es ergibt sich ein Gespräch über die Gartenarbeit im Frühling.
Jetzt trägt die Erzieherin die Reimgeschichte vor, dabei werden die Tätigkeiten von den Kindern dargestellt.

Geschichte Im Frühling geh ich in den Garten,
wo viele Dinge auf mich warten.
Ich muss harken, hacken, pflanzen,
darf zwischendurch vor Freude tanzen.
Ich muss täglich einmal gießen,
damit die kleinen Pflanzen sprießen.

Muss mich beim Unkraut zupfen bücken
und auch schöne Blumen pflücken.
Ich muss manchmal ganz hoch springen,
darf auch mal ein Lied laut singen.
Ich kann zwischendurch kurz ruhn,
doch dann muss ich noch manches tun.

Ich muss schneiden und auch mähen,
ich muss den Kräutersamen säen.
Ich schwitze jetzt von früh bis spät,
bis dass die Sonne untergeht.
Doch manchmal sitz ich auf der Bank,
bin faul, mach meine Beine lang.

Schnecken sammeln, Mücken jagen,
die mich in meinem Garten plagen.
All das gehört halt auch dazu,
im Frühling hab ich wenig Ruh.
Doch wenn ich durch den Garten geh,
erfreut mich das, was ich dann seh.

Tipp Vielleicht regt dieser Vers dazu an, einen Kinder-Garten anzulegen. Zum Beispiel kann in Tomatenkisten Blumen- oder Kräutersamen gesät werden.

Zusatzangebot **Tast- und Geschmacksspiele**
Die oben genannten Materialien und ein „Mitmachstuhl" werden in den Kreis gestellt. Nun können Kinder, die etwas erschmecken, ertasten oder erriechen wollen, sich auf den Stuhl setzen. Ihnen werden die Augen verbunden und die Erzieherin gibt ihnen etwas zum Schmecken, Fühlen oder Tasten. Die anderen Kinder passen dabei gut auf: hat das Kind richtig geraten, dann klatschen sie. Hat es nicht richtig geraten, dann stampfen sie mit den Füßen auf den Boden. Das Kind bekommt so lange eine neue Chance, bis es richtig geraten hat.

Ein arbeitsreicher Tag auf dem Hof von Bauer Stork

Geräuschgeschichte

Material Bilder *(Postkarten)* von einem Trecker und von folgenden Tieren: Kuh, Schwein, Schaf, Hund, Pferd, Huhn und Katze.

Einstieg Die Tierkarten liegen umgedreht in der Kreismitte. Die Erzieherin deckt eine Karte auf und die Kinder machen die entsprechenden Geräusche. In einem Gespräch wird nun über die Tiere im Frühling gesprochen und darüber, dass sie im Frühling Tierkinder bekommen. Jetzt erzählt die Erzieherin die Geschichte. Während sie die Geschichte erzählt, setzt sich ein Kind mit dem Rücken zu den anderen Kindern. Es soll die Geräusche, die im Verlauf der Geschichte von den Kindern gemacht werden, erraten. Damit die Kinder wissen, welches Geräusch gemacht werden soll, zeigt die Erzieherin an der entsprechenden Stelle der Geschichte die jeweils passende Karte.

Geschichte Endlich, nach einem langen, kalten Winter, hat der Frühling wieder seinen Platz eingenommen und darüber ist Bauer Stork sehr froh. Nun können seine Tiere wieder hinaus auf die Wiese und frisches, grünes Gras fressen. Bauer Stork holt seinen TRECKER aus der Scheune und hängt den Viehwagen an. Dabei wird er von seinem Freund dem HUND Rex beobachtet. Er will natürlich mit und rennt, so schnell er kann, über den Hof, springt auf den TRECKER und nimmt auf dem Sitz Platz. Nun fahren beide los. Zuerst holt Bauer Stork die KÜHE aus dem Kuhstall. Behäbig und noch müde geht eine nach der anderen auf den Wagen. Er bringt sie mit dem TRECKER auf die große Weide. Nun holt er die SCHWEINE. Sie sind unruhig und Bauer Stork hört sie schon von weitem. Auch sie fährt er mit seinem TRECKER auf die Wiese. Aber natürlich gibt es noch andere Tiere, die darauf warten, auf die Weide gebracht zu werden. In einem großen Stall stehen viele SCHAFE. Als sie den Bauern kommen sehen, werden auch sie unruhig, denn sie wissen genau, was jetzt mit ihnen geschieht. Bauer Stork und sein HUND treiben die blökenden

SCHAFE auf die Wiese. Viele von ihnen haben einen dicken Bauch und es wird nicht mehr lange dauern, dann bekommen sie Junge. Die SCHAFE zusammenzuhalten ist eine schwere Arbeit und der HUND muss gut auspassen, dass ihm die SCHAFE nicht weglaufen. Doch gemeinsam mit dem Bauern sind schon nach kurzer Zeit alle SCHAFE auf der Weide. Nun müssen nur noch die PFERDE auf die Koppel. Bauer Stork macht das große Scheunentor auf und alle PFERDE galoppieren hinaus. So, nun hat Bauer Stork seine Arbeit getan. Er fährt den TRECKER in den Stall und geht mit seinem HUND noch einmal zu jeder Wiese. Zufrieden schaut er den KÜHEN, den SCHWEINEN, den SCHAFEN und den PFERDEN beim Fressen zu. Sie genießen, genau wie Bauer Stork und sein HUND, diesen schönen warmen Frühlingstag. Zum Schluss geht er zu den HÜHNERN. Sie haben vor einigen Tagen Küken ausgebrütet. Bauer Stork macht die Stalltür auf und lässt auch sie auf der Wiese picken. Als er mit seinem HUND zurück ins Haus gehen will, sieht er die kleine KATZE Nelli. Auch sie liegt in der Frühlingssonne und genießt die ersten warmen Sonnenstrahlen.

Abschluss   Vielleicht kann ein Spaziergang zu einem Bauernhof gemacht werden, wo die Tiere im Frühling hautnah betrachtet werden können.

Hokuspokus, 1, 2, 3, ich mal ein großes Hühnerei

Malgeschichte

Material Für jedes Kind ein weißes Blatt, Buntstifte und eine Schere. *(eventuell Nähgarn, Nähnadel oder Klebstreifen)*

Raumvorbereitung Um einen Tisch herum werden Stühle gestellt, sodass jedes Kind einen Sitzplatz hat. Das Material liegt griffbereit.

Einstieg Die Erzieherin sitzt mit den Kindern am Tisch. Vor ihr liegen ein weißes Blatt und Buntstifte. Sie lädt die Kinder mit Hilfe einer Malgeschichte in die Ostereierfabrik ein und macht, dem Text entsprechend, aus einem Hühnerei ein Osterei.

Geschichte Hokuspokus, 1, 2, 3,
ich mal ein großes Hühnerei
und mit dem Buntstift in der Hand
mach ich jetzt so allerhand.

Rote Punkte kriegt das Ei,
von den grünen mal ich drei.
Gelbe Punkte, die sind schön,
die kannst du auf dem Ei jetzt sehn.
Mit blauen Punkten mal ich dann
das kunterbunte Ei noch an.
Und aus dem großen Hühnerei
wurd' ganz schnell ein Osterei.

Abschluss Die Malgeschichte wird noch einmal erzählt. Jetzt malt jedes Kind ein Osterei. Die bunten Eier können ausgeschnitten und als Mobile aufgehängt oder an ein Fenster geklebt werden.
Mit dem gleichen Text kann auf diese Weise ein Ei mit Strichen, Kreuzen oder Zacken gemalt werden. *(Das Wort „Punkte" wird dann entsprechend durch Striche, Kreuze oder Zacken ersetzt.)*

Schaut her, ich male nun ein Tier

Malgeschichte

Material	Eine große weiße Pappe, ein brauner, dicker Filzstift, Buntstifte, für jedes Kind ein Blatt Papier, ein Filzstift und Buntstifte.
Raumvorbereitung	Um einen großen Tisch herum steht für jedes Kind ein Stuhl. Das Material liegt griffbereit.
Einstieg	Die Erzieherin sitzt mit den Kindern an einem Tisch. Vor ihr liegt eine große weiße Pappe. Sie hat einen braunen, dicken Filzstift und erzählt den Kindern, dass sie ihnen nun ein Malrätsel stellt. Es kann nun, während sie malt, schon eifrig geraten werden.
Geschichte	Schaut her, ich male nun ein Tier, wie das geht, das zeig ich dir. Pass gut auf und mach jetzt mit, ich zeig es dir nun Schritt für Schritt. Mein kleines Tier hat einen Bauch, *(Die Erzieherin malt ein Oval)*

'nen runden Kopf, den hat es auch.
(Darauf malt sie vorne einen Kreis)
Kann gut mit seinen Augen sehn,
(In den Kreis malt sie ein Auge)
es kann auch auf vier Beinen stehn.
(Unter den ovalen Kreis malt sie vier Hasenbeine)
Seine Nase, die ist rund,
(Vorne in den Kreis wird die Nase gemalt)
das Tier, es hat auch einen Mund.
(Ein Mund wird unter die Nase gemalt)
Das Tier, es hat auch einen Bart,
(In das Gesicht seitlich Barthaare malen)
die Haare, die sind lang und hart.
Sein Stummelschwanz ist weich und rund,
(Hinten an das Oval einen Stummelschwanz malen)
still sitzt das Tier so manche Stund.
Ich mal zum Schluss nun noch die Ohren
(Auf den runden Kopf lange Ohren malen)
So, nun ist das Tier geboren.
Sage mir, wenn du es weißt,
wie dieses Tier hier heißt.

Abschluss Die Kinder malen den Hasen gemeinsam braun an und setzen ihn in eine bunte Frühlingslandschaft. Wenn sie noch Interesse haben, malt jedes Kind mit Hilfe dieser Malgeschichte einen eigenen Hasen. Alle Bilder können aufgehängt werden und den Gruppenraum schmücken.

Tut mir Leid, hab keine Zeit

Geschichte

Material Ein großer Kuscheltierhase und ein großer Karton mit „Fühllöchern".

Einstieg In der Mitte des Raumes steht der Karton, in dem sich der Kuscheltierhase befindet. Die Kinder können den Inhalt nicht sehen, aber erfühlen. Die Erzieherin stellt den Hasen als Moppel vor und erzählt die folgende Geschichte.

Geschichte Seit Tagen hat Moppel keine Zeit. Schon früh am Morgen hoppelt er durch die Wälder, über Wiesen, in die Gärten und sucht nach geeigneten Plätzen für seine Eier, die er für das Osterfest verstecken möchte. Er muss sich beeilen, denn jedes Jahr wächst die Zahl der Kinder, die bunte Eier suchen wollen und deshalb braucht er auch jedes Jahr eine größere Zahl an Verstecken. Moppel gönnt sich keine Pause. Rastlos hoppelt er hin und her und ist immer auf der Suche nach guten Versteckplätzen.

Unterwegs trifft er seinen Freund, das Wildschwein Grunz. Es suhlt sich unter einem dicken Baum im Dreck. Als das Wildschwein Grunz Moppel sieht, ruft es: „Hallo Moppel, ich muss dir etwas erzählen." Doch Moppel sagt: „Tut mir Leid, hab keine Zeit", und hoppelt davon. Wenig später trifft Moppel die dicke Schnecke Trude. Sie kriecht erschöpft über den Weg, denn sie ist schon lange unterwegs und kommt kaum noch vorwärts. Als sie Moppel sieht, ruft sie: „Halt Moppel, nimm mich mit. Ich kann nicht mehr kriechen." Doch Moppel ruft: „Tut mir Leid, hab keine Zeit", und hoppelt davon. Auch seine Freundin, das Reh Hüpf, ist heute unterwegs. Vergnügt läuft und springt es zwischen den Bäumen herum. Als es Moppel sieht, ruft es: „Guten Morgen Moppel, bleib doch stehen und spiel mit mir." Doch Moppel ruft wieder: „Tut mit Leid, hab keine Zeit", und hoppelt weiter. Moppel ist so beschäftigt, dass er gar nicht bemerkt, dass es angefangen hat zu regnen. Von Sekunde zu Sekunde wird der Regen stärker und Moppels Fell immer nasser. Doch auch das hält ihn nicht davon ab, weiterzuhoppeln und nach Verstecken zu suchen. Moppel hoppelt und der Regen macht ihn pitschnass. Er sucht in Hecken, unter Büschen, im hohen Gras, im Gestrüpp, in leer stehenden Scheunen, ja sogar in einem ausgetrockneten Flussbett nach geeigneten Plätzen für seine Eier. Mit einem Mal, gerade als er unter einen Berg aus Ästen und Zweigen schaut, muss Moppel niesen. Drei Mal hintereinander macht er: „Hatschi, hatschi, hatschi." Moppel zittert und sein nasses Fell tropft. O je, er hat sich erkältet. Nun muss Moppel aber, so schnell es geht, ins Bett. Er hoppelt auf dem kürzesten Weg nach Hause und legt sich sofort hin.

Doch seine Erkältung wird von Stunde zu Stunde schlimmer und sein Niesen ist so laut, dass das Wildschwein Grunz, die Schnecke Trude und das Reh Hüpf es im Wald hören können. Schnell kommen sie zu Moppel, um nachzuschauen, was mit ihm los ist. Er liegt zitternd und niesend im Bett. „Wer soll nun für mich die Eier verstecken?", stöhnt er leise vor sich hin. Doch in einer solchen Situation ist es gut, Freunde zu haben! Hüpf das Reh will Moppel helfen und sagt: „Ich hole meine Freundinnen und wir verstecken in diesem Jahr die Eier für dich." Das Wildschwein Grunz ist normalerweise etwas faul, will aber auch helfen und sagt: „Ich fülle die Körbe mit Eiern nach, damit die Rehe sofort wieder loslaufen können." Die Schnecke Trude ist für diese Arbeit viel zu langsam, aber sie will auch helfen und sagt: „Ich kümmere mich um Moppel. Ich koche ihm Tee, mache ihm Halswickeln und creme seine rote Nase mit Wurzelsalbe ein." Moppel strahlt. „Jetzt kann ja nichts mehr schief gehen", sagt er leise. Sofort packt Grunz die Körbe voll und Hüpf läuft mit ihren Freundinnen los. Trude versorgt in der Zwischenzeit den kranken Moppel. Einen ganzen Tag und eine ganze Nacht sind die Rehe damit beschäftigt, die Eier zu verstecken. Sie rennen und rennen und um Mitternacht sind sie endlich fertig. Erschöpft stehen sie vor Moppel und sagen: „Alle Eier sind in der näheren und weiteren Umgebung versteckt und morgen können die Kinder Ostereier suchen." Zusammen mit Grunz und Trude sitzen sie nun noch lange an Moppels Bett und trinken heißen Tee, den ihnen Trude gekocht hat. Moppel ist froh, dass er solche Freunde hat und sagt: „Danke, dass ihr Zeit für mich hattet und mir aus der Patsche geholfen habt." „Wir haben es gerne ge-

macht", sagt Hüpf das Reh. „Für einen Freund muss man immer Zeit haben", sagt Trude. „Finde ich auch", brummt Grunz und dann machen sich alle müde und erschöpft auf den Heimweg.

Abschluss Diese Geschichte kann verklanglicht oder als kleines Theaterstück vorgeführt werden. Gemeinsam mit einigen großen Kindern können an mehreren Tagen die Requisiten gebastelt, das Bühnenbild erstellt, die Rollen verteilt und eingeübt werden. Vielleicht helfen sogar einige Eltern bei diesen Vorbereitungen. Zur Vorführung können Kinder, Eltern, Freunde und Verwandte an einem warmen Frühlingsnachmittag ins Frühlingstheater eingeladen werden. Bestimmt ist diese Veranstaltung für alle ein schönes Erlebnis.

Inhalt der orangenen Seiten

Turn- und Bewegungsspiele: Eins, zwei, drei, wer hat das Ei?
Spielkette: Auf der Kanincheninsel
Rhythmikangebot: Spiele mit Frühlingsblumen aus Serviettenpapier
Fantasiereise: Mit Klara durch das Frühlingsland
Körpererfahrungsspiel: Die Wiese erwacht
Körpererfahrungsspiel: Der Frühling weckt die Tiere auf
Stabfigurenspiel: Es war einmal ein kleiner Hase
Basteln und backen im Frühling
Spiel- und Spaß im Frühling

Eins, zwei, drei, wer hat das Ei?

Turn- und Bewegungsspiele mit bunten Gymnastikbällen

Material Je die gleiche Anzahl an Gymnastikbällen in rot, blau und gelb *(es werden so viele Bälle benötigt, wie Kinder mitmachen)*, eine große, grüne Decke, ein Tamburin, Gymnastikgeräte für einen Parcours *(z. B. eine Langbank, vier Kästen, eine Leiter, ein Kriechtunnel, vier Reifen)*, ein Weidenkorb, ein Kassettenrekorder mit beschwingter Musik, für jedes Kind einen Plastik- oder Pappteller und ein buntes, hart gekochtes Ei.

Raumvorbereitung In einer Raumecke wird ein großes grünes Tuch ausgebreitet. Die restlichen Spielgeräte liegen griffbereit. Die gekochten Eier sind, für die Kinder nicht sichtbar, in einem Weidenkorb. Die Erzieherin versteckt, bevor die Kinder den Gymnastikraum betreten, für jedes Kind einen farbigen Ball. Die Bälle symbolisieren Ostereier.

Einstieg Die Kinder setzen sich in leichter Turnbekleidung auf das grüne Tuch, das die Wiese darstellt. Die Erzieherin lädt sie zu einem Eiersuchspiel ein. Jedes Kind kann sich nun auf den Weg machen, um sich ein Ei zu suchen. Doch leider ist der Fuchs auch unterwegs. Da er Hunger hat und sehr gefährlich ist, sollte man sich, sobald man ihn hört, in Sicherheit bringen. *(Die Erzieherin spielt den Fuchs. Schlägt sie auf das Tamburin, so laufen alle Kinder auf die Decke.)* Die Kinder, die, bevor der Fuchs zu hören ist, ein buntes Ei *(Ball)* gefunden haben, nehmen es mit und bleiben auf der Decke sitzen. Das Spiel wird so lange gespielt, bis alle Kinder ein Ei haben.

1. Spiel — Da jeder stolz auf sein Ei ist, wird es nun auf einer Hand, zwischen den Beinen, über dem Kopf usw. im Raum herumgetragen. Dabei gibt das Tamburin durch verschiedene Schlagarten die Laufbewegung an *(hüpfen, gehen, laufen, trippeln)*.
Zum Schluss kommt der Fuchs! *(fester Tamburinschlag)*. Die Kinder nehmen ihr Ei und laufen auf die Decke.

2. Spiel — Das Ei wird im Raum herumgerollt. Jeder sucht sich einen eigenen Weg. Auf ein Signal hin *(leichter Tamburinschlag)* tauschen die Kinder die Eier, d. h. sie rollen nun einen andern Ball. Dieser Wechsel wird mehrmals durchgeführt.
Zum Schluss kommt der Fuchs *(fester Tamburinschlag)*! Die Kinder nehmen ihr Ei und laufen auf die Decke.

3. Spiel — Ein Parcours wird aufgebaut. Die Kinder sollen nun ihr Ei über diesen Parcours gehend, springend, kriechend oder kletternd nach Hause tragen, ohne es fallen zu lassen.

Variation — Die Kinder bekommen einen Plastikteller, legen das Ei darauf und durchlaufen nun den Parcours.
Zum Schluss kommt der Fuchs *(fester Tamburinschlag)*! Die Kinder nehmen ihr Ei und laufen auf die Decke.

4. Spiel — Die Kinder legen ihr Ei im Raum ab. Sie bewegen sich nach dem Tamburinschlag durch den Raum *(zum Beispiel: schneller Schlag = schnell laufen, langsamer Schlag = langsam und mit großen Schritten gehen, Hüpfschlag = hüpfen)*.
Kommt der Fuchs *(fester Schlag)*, laufen sie zu ihrem Ei, um es zu beschützen. Das Kind, das zuletzt an seinem Ei angelangt ist, macht eine Spielpause und setzt sich auf die Wiese. Das Spiel wird so lange gespielt, bis jedes Kind wieder auf der Wiese sitzt.

Abschlussspiel Die grüne Decke wird in der Kreismitte ausgebreitet. Darauf liegen die Eier *(Bälle)* und zwar jeweils ein Ei weniger, als Kinder mitspielen. Die Erzieherin lässt Musik laufen, die Kinder bewegen sich dazu frei im Raum. Nach einiger Zeit ruft sie laut: „Eins, zwei, drei, wer hat das Ei?" Dann laufen die Kinder sofort auf die Decke und holen sich ein Ei. Das Kind, das kein Ei bekommen hat, macht eine Spielpause. Ein Ei wird zur Seite gelegt. Das Spiel ist beendet, wenn kein Ei mehr auf der Decke liegt.

Abschluss Die Kinder bringen ihr Ei in eine Raumecke, setzen sich auf die grüne Wiese und dort kann noch einmal über die Spiele gesprochen werden. Danach schließen sie die Augen, bilden mit der Hand eine Schale und die Erzieherin legt nun, zur Überraschung der Kinder, jedem ein buntes, hart gekochtes Ei in die Hand, das zum Frühstück verzehrt werden kann.

Auf der Kanincheninsel

Spielkette (für 12 Kinder)

Material Acht Ohren aus Pappe, zwei Rollbretter, zwei Schuhkartons mit weißen Pappeiern, eine Langbank, acht Hocker oder Kästen, einige Gymnastikstäbe, acht Sitzmatten, eventuell zwei Matrosenhüte, eine Auswahl an dicken Filzstiften, Kopfschmuck für zwei Käfer, ein Beutel mit acht frischen Möhren und vier Äpfeln, Kreppband, gelbe, grüne und braune Tücher und blaue Mülltüten.

Raumvorbereitung Im Gymnastikraum wird mit Kreppband eine Insel auf dem Boden markiert. Innerhalb der Inselgrenzen stehen acht Kästen oder Stühle, die mit einem grünen oder braunen Tuch abgedeckt sind und einen Kaninchenbau darstellen. Gelbe Tücher am Inselrand symbolisieren einen Sandstrand, das Meer wird aus blauen Mülltüten außen herum gelegt. Auf der Insel befindet sich ein Parcours aus einer Langbank, Hockern oder Kästen und ein aus Turnstäben gelegter Graben. In der Inselmitte liegen acht Sitzmatten. Die restlichen Materialien stehen griffbereit.

Hinweis Die Erzieherin bastelt vorher für die acht Kaninchen Ohren aus Pappe und Fühler für die zwei Käfer. Sie besorgt acht frische Möhren und vier kleine Äpfel, die in einem Beutel aufbewahrt werden.

Einstieg Acht Kinder bekommen die Pappohren aufgesetzt, zwei Kinder einen Hut, zwei Kinder bekommen den Käferkopfschmuck.
Zunächst sitzen alle Kinder auf der Insel und die Erzieherin erzählt ihnen die Geschichte von der Kanincheninsel. Danach werden die Lieder mehrmals gesungen, gemeinsam Bewegungen und Tätigkeiten der Spielkette durchgeführt und dann die Rollen verteilt.

Auf der Kanincheninsel

Geschichte Mitten in einem riesengroßen Meer liegt eine kleine Insel. Hier wohnt schon seit Jahren ein lustiges Kaninchenvolk. Die Kaninchen verstehen sich gut, Zank und Streit kennen sie nicht. Jedes Kaninchen hat einen eigenen Bau, in dem es sich sehr wohl fühlt.
(Die Kaninchenkinder gehen in den Bau)

Vergnügt hoppeln sie über ihre Insel, genießen nach dem langen Winter die Frühlingssonne, machen ihr verstaubtes Fell sauber, balancieren über Brücken, springen über tiefe Gräben und immer geht es auf und ab.
(Diese Szene wird von den Kindern gespielt)

Auf einem großen freien Platz, mitten auf der Insel, treffen sie sich jeden Tag. Dort singen und tanzen sie, bis sie müde werden.
(Die Kinder bilden einen Kreis, fassen sich an und tanzen und singen folgendes Lied)

Lied Wir hüpfen und wir tanzen im warmen Sonnenschein
(Melodie: „Alle meine Enten")

Wir hüpfen und wir tanzen im warmen Sonnenschein, im warmen Sonnenschein, wir halten fest zusammen und sind niemals allein.

Auf dieser großen Insel, ja, da ist es schön, ja da ist es schön, hier wollen wir auch bleiben und niemals von hier gehn.

Geschichte Doch der Frühling ist für die Kaninchen nicht nur eine vergnügte, sondern auch eine sehr arbeitsreiche Zeit. Jedes Jahr, sobald das Eis auf dem Meer weggetaut ist, kommen große Schiffe zur Insel.
(Zwei Kinder (Matrosen) sitzen auf den Rollbrettern, haben einen Schuhkarton mit den Pappeiern auf dem Schoß und bewegen sich mit Hilfe der Arme und Beine in Richtung Insel)

Lied

(Melodie: „Alle meine Enten")
Ja, wir sind Matrosen und fahren übers Meer, fahren übers Meer, das Schiff zieht voll beladen, ganz, ganz leis daher.

Geschichte

Sie bringen den Kaninchen Kisten mit weißen Eiern, die sie für das traditionelle Osterfest der Menschen bunt malen müssen. Alle Kaninchen stehen gespannt am Ufer, die zwei Stärksten nehmen die Kisten in Empfang.
(Die Kaninchenkinder gehen über den Parcours zum Ufer und warten dort auf die Schiffe. Die Matrosen überreichen zwei Kaninchenkindern die Schuhkartons)

Die Kaninchen winken den Matrosen hinterher und bleiben so lange am Ufer stehen, bis die Schiffe in der Ferne verschwunden sind.
(Die Szene wird gespielt)

Nun machen sie sich auf den Heimweg. Vorsichtig tragen sie die Kisten über die Insel. Dabei geht es auf und ab. Sie müssen mit ihnen über Brücken balancieren und tiefe Gräben überspringen.
(Die Kaninchenkinder gehen über den Parcours zurück zur Inselmitte)

Lied

(Melodie: „Alle meine Enten")
Wir müssen uns beeilen, der Weg, der ist noch weit, der Weg, der ist noch weit, wir haben sehr viel Arbeit und nur wenig Zeit.

Geschichte

Nun beginnt für alle eine arbeitsreiche Zeit. Tag für Tag sitzen sie zusammen und bemalen die weißen Eier.
(Die Kinder sitzen auf den Sitzkissen, ein Kind stellt den Topf mit den Stiften bereit und nun bemalen alle die weißen Eier)

Diese arbeitsreiche Zeit vertreiben sie sich mit wunderschönen Liedern.

Lied   Mit ganz vielen Stiften
(Melodie: „Zeigt her eure Füße")

Mit ganz vielen Stiften, da kann man uns sehn,
wir malen die Eier jetzt bunt und wunderschön.
Wir malen, wir malen, wir malen immerzu,
wir malen, wir malen und kommen nicht zur Ruh.

Geschichte   Die beiden Inselkäfer kommen, schauen den Kaninchen beim Malen zu und tragen die fertigen Eier zurück in die Kartons. Sie sind genauso vergnügt wie die Kaninchen und singen auch bei ihrer Arbeit.
(Zwei Kinder spielen die Szene)

Lied   Ostereier, bunt und schön
(Melodie: „Vogelhochzeit")

Ostereier, bunt und klein,
legen wir in die Kiste rein.
Heia trallala, heia trallala, heia tralla la la la.

Wir laufen dabei hin und her,
die Arbeit, die ist ganz schön schwer.
Heia trallala …

Und sind die Kisten wieder zu,
dann legen wir uns all zur Ruh.
Heia trallala …

(Die Hasen gehen in den Bau und die Käfer legen sich irgendwo auf die Insel)

Spielkette

Geschichte Am anderen Morgen gehen alle Kaninchen und jetzt auch die zwei Käfer zum Ufer, um dort auf die Schiffe zu warten. Die zwei ältesten Kaninchen tragen ganz vorsichtig die Kisten.
(Die Kinder gehen über den Parcours zum Strand und schauen auf das Meer)

Sie brauchen nicht lange zu warten, da sehen sie schon in der Ferne die Schiffe.
(Die Matrosen kommen auf den Rollbrettern zum Strand)

Die Matrosen, die Kaninchen und auch die Käfer freuen sich und sie winken einander zu.
(Szene wird gespielt)

Als die Matrosen am Strand anlegen, nehmen sie die Kartons in Empfang.

Lied *(Melodie „Vogelhochzeit")*
Vollbeladen geht's nach Haus,
dort packen wir die Kisten aus.
Heia trallala …

Die Eier werden gut versteckt
doch von den Kindern schnell entdeckt.
Heia trallala …

Geschichte Sie überreichen den Kaninchen einen Beutel und fahren mit ihren Schiffen zurück. Die Kaninchen und die Käfer bleiben noch lange am Ufer stehen und winken den Schiffen hinterher.
(Szene wird gespielt)

Nun machen sie sich schnell auf den Heimweg, denn es wird schon dunkel.
(Die Kinder gehen über den Parcours zur Inselmitte zurück)

Ein Kaninchen holt nun etwas Wunderbares aus dem Beutel: eine Möhre! Jedes Kaninchen bekommt zum Dank für die Hilfe eine knackig frische Möhre und die Käfer einen süßen Apfel. Da sie müde sind, hoppeln die Kaninchen in ihren Bau und die Käfer verschwinden irgendwo auf der Insel.
(Szene wird gespielt)

Für dieses Jahr haben die Kaninchen ihre Arbeit getan und im nächsten Jahr, da werden sie ganz sicher wieder Eier bemalen.

Abschluss Alle Kinder setzen sich in die Inselmitte *(Die Matrosen bekommen auch einen Apfel)*. Gemeinsam werden Möhren und Äpfel verspeist und das erlebte Spiel kann noch einmal besprochen werden.

Spiele mit Frühlingsblumen aus Serviettenpapier

Rhythmikangebot (für 12 Kinder)

Vorbereitung

Die Erzieherin schneidet aus einer farbigen, mehrlagigen Papierserviette ein Quadrat *(ungefähr in der Größe eines Papiertaschentuches)*. Alle vier Seiten müssen offen sein. Nun faltet sie eine Ziehharmonika und bindet diese in der Mitte fest zusammen. An beiden Seiten werden jetzt vorsichtig die einzelnen Lagen hochgezogen, sodass eine dicke Blüte entsteht. Insgesamt sollten zwölf Blumen hergestellt werden: vier rote, vier gelbe und vier blaue. Sie können mit verschiedenen, den Farben entsprechenden, Düften eingesprüht werden. Die Einteilung in die verschiedenen Farben ist wichtig für die Partnerspiele, die Teil des Angebots sind.

Material

Je vier Papierserviettenblüten und Chiffontücher in den Farben gelb, blau und rot, zwölf grüne quadratische Tücher in der Größe der Chiffontücher *(z. B. ein Betttuch färben und daraus die grünen Tücher schneiden bzw. nähen)*, ein Kassettenrekorder mit leichter, beschwingter Instrumentalmusik, drei Pappkarten in den Farben gelb, blau und rot, vier Symbolkarten mit je einem langen Strich, einem Kreis, einer Schlangenlinie, einem dicken Pfeil, ein großes Stück durchsichtiger Gardinenstoff und eine Feder.

Raumvorbereitung

Die grünen Quadrate werden zu einer großen Wiese zusammengelegt. Darauf liegen die Papierblumen. Diese Wiese ist mit dem Gardinenstoff abgedeckt. Die restlichen Materialien liegen griffbereit. Im Hintergrund läuft Musik.

Einstieg

Die Kinder sind leicht und bequem bekleidet. Schon vor der Tür zum Gymnastikraum werden sie eingeladen, gemeinsam mit der Erzieherin einen Spaziergang zu einer noch im Nebel verhüllten Frühlingswiese zu machen. Eine leise Frühlingsmelodie, die die Frühlingsfeen jeden Morgen spielen, ist aus dem Gymnastikraum zu hören und lockt alle in den Raum.

Spiel zur Raumerfahrung

Gemeinsam betreten die Kinder nun den Raum, bewegen sich nach der Melodie, betrachten dabei immer wieder die bunte Wiese und suchen sich jetzt schon eine Blume aus, mit der sie anschließend spielen wollen.

Spiel zur Materialerfahrung

Nachdem die Melodie verklungen ist, zieht langsam der Frühnebel fort *(Die Erzieherin hebt bedächtig die Gardine von der Wiese)* und die Blumen zeigen ihre ganze Pracht.
Jedes Kind pflückt eine Blume, betrachtet sie, riecht an ihr und kann nun mit ihr weiter nach der Melodie durch den Raum gehen, schwingen, tanzen. Dabei bleiben die Kinder immer wieder voreinander stehen, zeigen sich gegenseitig ihre Blume und riechen den Duft.

Wenn die Musik verklungen ist, nehmen die Kinder mit der Blume auf der Wiese Platz.

Spiele für den Umgang mit Signalen

Die Erzieherin zeigt abwechselnd eine der Farbkarten und die Kinder mit der entsprechenden Farbblume gehen zur Musik durch den Raum. Dabei achten sie immer wieder auf den Wechsel der Farben. So wechseln sich Bewegung und Ruhe bei diesem Spiel ab.

Jedes Kind nimmt ein grünes Tuch und sucht sich einen eigenen Platz im Raum. Es setzt sich dann auf sein Stück Wiese, hält die Blume in der Hand, riecht an ihr, schließt die Augen. Die Melodie der Frühlingsfee ist zu hören. Spürt ein Kind eine Berührung auf der Haut *(Feder)*, steht es auf und bewegt sich nach der Melodie durch den Raum. Dabei achtet es auf ein Signal der Erzieherin *(Pfeilkarte)*. Zeigt der Pfeil nach oben, tragen die Kinder ihre Blume auf erhobenen Händen durch den Raum, zeigt er nach unten, tragen sie sie gebeugt und mit nach unten gehaltenen Händen durch den Raum. Der Pfeil kann auch zur rechten oder zur linken Seite zeigen. Dann wird die Blume auf der entsprechenden seitlich ausgestreckten Hand gehalten. Ist die Musik verklungen, setzt sich jedes Kind wieder auf seine Wiese.

Variation	Das Pfeilsignal wird mit dem Farbsignal verbunden und nur die Kinder mit den Blumen in der entsprechenden Farbe reagieren darauf.

Die kleinen Wiesenteile werden wieder zu einer großen Wiese zusammengelegt. Die Feder signalisiert, welches Kind seine Wiese legen bzw. anlegen kann. Es nimmt mit seiner Blume auf der Wiese Platz. |
| **Abschluss** | **Der Blumentanz**
Eine beschwingte Melodie wird gespielt. Die Erzieherin zeigt die Farbkarte und alle Kinder, deren Blumen die entsprechende Farbe haben, fassen sich an den Schultern an und tragen als Blumenkette ihre Blumen zur Melodie durch den Raum. So entstehen drei Blumenketten. Zeigt die Erzieherin die Symbolkarte mit dem langen Strich, gehen alle eine gerade Strecke. Zeigt sie die Symbolkarte mit der Schlangenlinie, gehen alle in Schlangenlinie durch den Raum. Zeigt sie die Symbolkarte mit dem Kreis, bilden alle Kinder einen Kreis. Zeigt der Pfeil auf der Symbolkarte nach oben, halten alle ihre Blume hoch über dem Kopf. Zeigt der Pfeil nach unten, gehen alle in die Hocke. |

Mit Klara durch das Frühlingsland

Fantasiereise

Material Für jedes Kind eine Decke, einige Teelichte im Glas, ein schönes Tuch, eine Duftlampe, ein Frühlingsduft, eine kleine Lampe, ein Kassettenrekorder mit ruhiger Musik, ein Korb mit einigen Frühlingsschätzen *(Moos, Gras, Schneeglöckchen, Zweig mit einer Knospe usw.)* und die Maus Klara.

Raumvorbereitung Der Raum ist erwärmt. Die Decken werden in Kreisform gelegt. In der Mitte liegt ein schönes Tuch. Darauf steht die Duftlampe mit einem Frühlingsduft. Der Raum ist verdunkelt und die Teelichter geben ihm eine „traumhafte" Atmosphäre. Eine kleine Lampe erhellt zusätzlich den Raum. Der Kassettenrekorder, der Korb mit den Frühlingsschätzen und die Maus Klara stehen, mit einem Tuch abgedeckt, griffbereit.

Einstieg Die Kinder betreten leicht bekleidet den Raum und suchen sich einen Platz. Dort setzen sie sich und versuchen, sich durch einige Augenblicke der Stille auf das kommende Angebot einzustimmen. Die Erzieherin kann eine Fühlaufgabe stellen: nacheinander fühlt jedes Kind die Maus, die unter dem Tuch liegt und flüstert der Erzieherin die Lösung ins Ohr. Jetzt holt die Erzieherin Klara unter dem Tuch hervor. Diese kann bei musikalischer Untermalung herumgegeben und von den Kindern begrüßt werden. Zum Schluss hält die Erzieherin Klara in der Hand und erzählt den Kindern, dass Klara nun alle zu einer Fantasiereise durch das Frühlingsland einlädt. Sie stellt Klara in die Kreismitte und bittet die Kinder, sich hinzulegen. Ruhige Musik begleitet die folgende Fantasiereise.

Fantasiereise

Leg dich nun bequem auf die Decke.
Schließe, wenn du willst, deine Augen.
Spüre deinen Körper und spüre, ob du gut liegst.
Liegen deine Arme und Hände, deine Beine und Füße, dein Rücken, dein Po, deine Schultern, dein Kopf bequem?
Atme tief ein und aus und spüre noch einmal deinen ganzen Körper.
Bei jedem Atemzug wird er leichter und du kannst dich jetzt mit mir auf eine Reise begeben.
Doch wir machen sie nicht allein.
Klara kommt mit.
Schau einmal, in deiner Fantasie siehst du Klara.
Sie führt dich durch das Frühlingsland.
Geh langsam hinter ihr her und du wirst erstaunt sein, was sie dir auf dieser Reise zeigt.
Es ist still um dich herum und du gehst über eine herrlich duftende Wiese.
Schau dir die vielen bunten Blumen an, riechst du ihren Duft?
Bleib einmal stehen und schau in die Wolken.
Was kannst du dort sehen?
Spürst du den warmen Frühlingswind, der sanft deine Haut streichelt?
Hörst du die Vögel um dich herum?
Schau einmal, was kannst du noch im Frühlingsland entdecken?
Klara steht ganz still und bleibt so lange bei dir, bis du weitergehst.
Möchtest du etwas zur Erinnerung an den Frühlingsspaziergang mitnehmen?
Komm, sammle alles auf, was dich noch lange an diesen schönen Frühlingsspaziergang erinnert?
Ich habe einen großen Korb. Dort passt viel hinein.

– Pause –

Ich glaube Klara, muss nun zurück zu ihren Kindern.
Wir müssen unseren Spaziergang beenden und uns auf den Heimweg machen.
Schau dich noch einmal um,
hör noch einmal den Frühling,

riech noch einmal den Frühling,
spür noch einmal den Frühling.

– Kurze Pause –

Schon sind wir wieder vor Klaras Wohnung.
Siehst du das Mauseloch dort auf dem Feld?
Bestimmt warten ihre Kinder schon auf sie.
Nun verabschiedet sich Klara von dir und huscht in das Mauseloch.
Jetzt gehen auch wir nach Hause, mit einem Korb voller Frühlingserinnerungen.

– Pause –
(Die Erzieherin nimmt Klara aus der Mitte und legt sie zur Seite, sodass die Kinder sie nicht mehr sehen können)

Wir sind nun wieder hier in diesem Raum.
Bewege langsam deine Finger, deine Arme, deine Beine, deine Zehen, deinen ganzen Körper, reck und streck dich, gähn laut, wenn du es möchtest, und öffne deine Augen.

Abschluss Die Kinder können von ihrer Fantasiereise mit Klara berichten. Der Korb mit den Frühlingsschätzen wird in die Mitte gestellt. Diese können nun mit allen Sinnen wahrgenommen werden und zu einem Gespräch anregen. Zur Abrundung könnte sich ein gemeinsamer Frühlingsspaziergang anschließen, bei dem nach Frühlingsschätzen gesucht werden kann.

Die Wiese erwacht

Körpererfahrungsspiel

Material

Fünf Decken, ein schönes Tuch, eine Duftlampe mit einem frischen Frühlingsduft, eine kleine Lampe, ein Kassettenrekorder mit entspannender Musik, ein Korb mit fünf kleinen Tüchern *(z. B. Halstücher)*.

Raumvorbereitung

Der Raum wird verdunkelt und erwärmt. Fünf Decken sind in Kreisform angeordnet. In der Kreismitte liegt ein schönes Tuch, auf dem eine Duftlampe mit einem frischen Frühlingsduft steht. Eine kleine Lampe erhellt den Raum. Der Rekorder mit entspannender Musik und der Korb mit den kleinen Tüchern stehen griffbereit.

Einstieg

Die Kinder finden sich zu Paaren zusammen. Jeweils ein Kind liegt bäuchlings auf der Decke, das andere kniet daneben. Das liegende Kind schließt die Augen und leise Musik bringt es zur Ruhe. Nach einem kurzen Augenblick der musikalischen Entspannung erzählt die Erzieherin langsam und mit vielen Pausen die folgende Geschichte. Das kniende Kind führt auf dem Rücken des liegenden Kindes die im Text beschriebenen Bewegungen aus. Neben ihm liegt ein kleines Tuch. Die Erzieherin gibt von ihrem Platz aus helfende Anweisungen. Das Körpererfahrungsspiel wird nach einem Rollentausch erneut gespielt.

Geschichte

Endlich, nach einem langen und kalten Winter, hält der Frühling seinen Einzug.
Nach vielen trüben Tagen öffnet sich das Wolkenband
(Die Hände liegen mit den Handflächen auf dem Rücken und werden langsam nach außen hin auseinander gezogen)
und die Sonne in ihrer ganzen Größe und ihrer ganzen Schönheit ist zu sehen.
(Mit dem Zeigefinger einen großen Kreis auf den Rücken malen)
Ihre langen warmen Strahlen ziehen lautlos zur Erde.
(Mit dem Zeigefinger vom Kreis aus lange Striche bis in alle Winkel des Rückens ziehen)
Sie schenken den Blumen, den Bäumen, den Tieren und auch dir ganz viel Wärme. Spür einmal ihre Kraft.
(Beide Handflächen liegen für einige Zeit ganz still auf dem Rücken)
Diese warmen Strahlen lassen kleine Wunder geschehen. Lautlos und wie von einer Zauberhand geführt, öffnet sich die Erde.
(Die Handkanten aneinander legen und langsam nach außen aufziehen)
Plötzlich platzt eine Blumenzwiebel auf
(Leicht mit dem Zeigefinger auf den Rücken tippen)
und langsam wächst aus ihr ein zarter Stängel. Er schlängelt sich durch die Erde an die Erdoberfläche und dann der Sonne entgegen.
(Mit dem Finger langsame Schlangenlinien zeichnen)
Kraftvoll kommt aus ihm eine geschlossene Blüte heraus, deren Kelch sich sofort öffnet.
(Alle Fingerspitzen einer Hand zusammengeführt auf dem Rücken abstellen und langsam auseinander ziehen)
Nun platzt eine Zwiebel nach der anderen,
(Mehrmals mit beiden Zeigefingern auf verschiedene Stellen des Rückens tippen)
und aus jeder wächst ein Stängel, der sich an die Erdoberfläche und dann der Sonne entgegen schlängelt.
(Mit beiden Fingern mehrere Schlangenlinien machen)
Auch aus ihnen kommen Blüten, die sich sofort öffnen,
(Die Finger der beiden Hände zusammengeführt auf den Rücken stellen und langsam auseinander ziehen)

Körpererfahrungsspiel

und die Wiese in eine bunte Frühlingswiese verwandeln.
Leicht wiegen sie im Wind hin und her.
(Mit dem Tuch über den Rücken wedeln und dabei leicht den Körper berühren)
Ein Kind kommt an der Wiese vorbei, sieht die bunten Blumen und geht zu ihnen.
(Mit den Handflächen über den Rücken gehen)
Vorsichtig pflückt es Blume für Blume
(Mit den Fingerspitzen beider Hände leichte Greifbewegungen auf dem Rücken machen)
und dann läuft es mit strahlendem Gesicht fort.
(Mit den Handflächen über den Rücken laufen)

Abschluss In einem Gespräch können die Kinder die Erfahrungen, die sie gemacht haben, austauschen.

Der Frühling weckt die Tiere auf

Körpererfahrungsspiel (für zehn Kinder)

Material Fünf Decken, fünf Seidentücher, eine Lampe, eine Duftlampe, ein gelbes Tuch, ein Kassettenrekorder mit ruhiger Musik, ein Frühlingsduft.

Raumvorbereitung Der Raum ist verdunkelt und erwärmt. Fünf Decken liegen in Kreisform angeordnet auf dem Boden. In der Kreismitte liegt ein gelbes Tuch als Symbol für die Sonne. Darauf steht eine Duftlampe mit einem Frühlingsduft. Eine Lampe erhellt den Raum. Ein Kassettenrekorder mit entspannender Musik steht griffbereit. Neben jeder Decke liegt ein Seidentuch.

Einstieg Die Kinder finden sich zu Paaren zusammen. Jeweils ein Kind liegt bäuchlings auf der Decke, das andere kniet daneben. Das liegende Kind schließt die Augen und leise Musik bringt es zur Ruhe. Nach einem kurzen Augenblick der musikalischen Entspannung erzählt die Erzieherin langsam und mit vielen Pausen die folgende Geschichte. Das kniende Kind führt auf dem Rücken des liegenden Kindes die im Text beschriebenen Bewegungen durch. Neben ihm liegt ein kleines Tuch. Die Erzieherin gibt von ihrem Platz aus helfende Anweisungen. Das Körpererfahrungsspiel wird nach einem Rollentausch erneut gespielt.

Körpererfahrungsspiel

Geschichte

Seit Tagen macht sich der Frühling auf der Erde breit. Viele haben ihn schon gehört, gerochen, gespürt oder gesehen, nur die Tiere auf der kleinen Wiese am Straßenrand noch nicht. Sie haben durch den Lärm der Straße nichts vom Frühling gehört und ihn durch die Abgase der vielen Autos auch nicht gerochen. Die Frühlingsfee hat es bisher nicht geschafft, hier die Tiere zu wecken. Deshalb muss sich der Frühling für dieses kleine, noch schlafende Stück Erde etwas Besonderes ausdenken.

Eines frühen Morgens, als immer noch kein Leben dort zu sehen ist, schickt er Regen auf die kleine Wiese.
(Mit zwei Fingerspitzen über den Rücken springen)
Unzählige Regentropfen klopfen nun unaufhörlich dieses schlafende Erdstück wach.
(Mit allen Fingerspitzen zusammen schnell über den Rücken springen)
Endlich, nach diesem Platzregen hat der Frühling es geschafft. Er sieht wie ein kleiner Käfer neugierig über dieses Stückchen Erde krabbelt.
(Mit den Fingern einer Hand über den Rücken krabbeln)
Doch er ist nicht allein, wenig später krabbelt ein zweiter Käfer dort herum.
(Mit den Fingern beider Hände über den Rücken krabbeln)
Plötzlich sind sie im wachsenden Gras verschwunden.
Auch ein Regenwurm hat sich nach draußen getraut. Langsam kriecht er durch das frische Gras.
(Mit dem Zeigefinger in Schwüngen langsam über den Rücken ziehen)
Er genießt nach der langen Kälte das schöne Wetter und kriecht über Stock und Stein, mal rauf und mal runter, mal hin und mal her, mal rundherum.
(Mit dem Zeigefingern langsam über die Beine, Arme, über den Kopf und alle Bereiche des Rückens ziehen)
Mit einem Mal ist auch er verschwunden und der Frühling kann eine Schnecke entdecken. Sie schiebt sich so langsam voran, dass sie kaum von der Stelle kommt.
(Mit einer Handfläche ganz langsam über den Körper ziehen)

Aber sie ist nicht allein. Der Frühling entdeckt eine zweite Schnecke. Auch sie schiebt sich langsam voran.
(Mit der Handfläche der anderen Hand über den Rücken kriechen)
Gemeinsam entdecken die Schnecken den Frühling. Sie kriechen gemächlich mal hintereinander, mal nebeneinander her.
(Diese Bewegungen werden mit beiden Händen durchgeführt)
Doch jetzt sieht der Frühling die Schnecken nicht mehr. Irgendwo zwischen den Gräsern sind sie verschwunden.
Der Frühling freut sich. Endlich hat er es geschafft, auch dieses Stück Erde zu wecken. Noch einmal schickt er die Sonne hierhin, die ihre Wärme verteilt.
Spürst auch du die Wärme?
Die Sonnenstrahlen wandern zu deinen Beinen *(Handflächen auf die Beine legen und einige Zeit liegen lassen)*, zu deinen Armen *(Handflächen auf die Arme legen und liegen lassen)*, zu deinen Schultern *(Handflächen auf die Schultern legen)*, zu deinem Rücken, zu deiner Wirbelsäule *(Handflächen auf die Wirbelsäule legen)*, zu deinem Po *(Handflächen auf das Gesäß legen)*, zu deinem Kopf *(Handflächen auf den Kopf legen)*. Die Wärme fließt in deinen Körper hinein und breitet sich aus. Dir wird warm und du genießt, genau wie die Käfer, der Regenwurm und die Schnecken, den wärmenden Frühling.

Mit einem Mal spürst du einen leichten Wind *(mit einem Tuch über den Körper streifen)* und er bringt dich nun von diesem Spaziergang hierhin zurück.

Abschluss In einem Gespräch können die Kinder ihre Erfahrungen austauschen.

Es war einmal ein kleiner Hase

Stabfigurenspiel

Material Tonpapier in dunkel-, mittel- und hellbraun, rot, grün, gelb, rosa, lila, orange, schwarz, grau, Schere, Klebstoff, Filzschreiber, lange Schaschlikspieße, eine Wäscheleine, ein Betttuch, Wäscheklammern, doppelseitiges und normales Klebeband.

Vorbereitung Die Erzieherin bastelt vorher aus der Pappe einen Hasen, eine Schnecke und einen Käfer und befestigt sie als Stabfiguren an einem Schaschlikstab.

Raumvorbereitung Die Wäscheleine wird gespannt und daran das Betttuch befestigt. Ein Tisch mit vier Stühlen steht in einer Raumecke. Das Material liegt griffbereit.

Einstieg Die Erzieherin sitzt mit drei älteren Kindern am Tisch, sie weist auf die Betttuchbühne hin und lädt die Kinder ein, gemeinsam mit ihr ein Stabfigurenstück vorzubereiten, das den restlichen Kindern aus der Gruppe vorgespielt wird. Sie holt den Hasen, die Schnecke und den Käfer und erzählt, dass es in der folgenden Geschichte um diese drei Hauptdarsteller geht. Sie trägt die Reimgeschichte vor und spielt dazu am Tisch bereits mit den drei Figuren.

Geschichte

Es sitzt ein kleiner, brauner Hase
versteckt im dichten, grünen Grase.
Er hoppelt heut so ganz allein
in die Frühlingswelt hinein.

(Der Papphase hoppelt hin und her)

Da trifft der Hase eine Schnecke,
die kriecht ganz mühsam eine Strecke.

Sie stöhnt laut, macht eine Pause,
sie will, so schnell es geht, nach Hause.

(Die Pappschnecke kriecht durch die Frühlingslandschaft)

Plötzlich trifft der kleine Hase
die Schnecke in dem grünen Grase.
Die Schnecke stöhnt, sie ruht sich aus,
sie schafft den Weg nicht bis nach Haus.

(Hase und Schnecke stehen voreinander)

Dem Hasen tut die Schnecke Leid,
darum ist er auch bereit,
sich nun ganz, ganz tief zu bücken,
die Schnecke kriecht auf seinen Rücken.

(Die Schnecke wird über den Hasen gehalten. Nun werden die Stäbe hin- und hergeführt.)

So läuft der Hase mit der Schnecke
flink und munter seine Strecke.
Da sitzt auf einem dicken Stein
ein kleiner Käfer, ganz allein.

(Auf den Stein (aus Pappe) *wird der Käfer gesetzt)*

Der Käfer stöhnt, er ruht sich aus,
er ist müd' und will nach Haus.
„Halt", ruft er, „kann nicht mehr gehn,
darf ich auf deinem Rücken stehn?"

(Hase und Schnecke stehen übereinander und halten vor dem Käfer an)

Dem Hasen tut der Käfer Leid,
darum ist er auch bereit,

Stabfigurenspiel

sich mit der Schnecke tief zu bücken,
der Käfer kriecht auf ihren Rücken.

(Den Käfer so hoch halten, dass er auf dem Schneckenrücken sitzt)

So läuft der Hase mit der Schnecke
und dem Käfer eine Strecke.
Er bringt beide schnell nach Haus
und nun ist die Geschichte aus.

(Die Tiere verschwinden von der Betttuchbühne)

Abschluss Nachdem die Erzieherin das Stück erzählt und gespielt hat, basteln die Kinder alle zusätzlichen Bühnenrequisiten für die Frühlingslandschaft wie: Blumen, Gras und den Stein und befestigen diese an der Betttuchbühne. Nun üben sie das Stück und laden dann die restlichen Kinder in das Betttuchtheater ein.

Hinweis Dieses Stück eignet sich auch als Rollenspiel. Dann werden die Kinder dementsprechend verkleidet und laufen auf der Bühne hintereinander her.

Basteln und backen im Frühling

Auch im Frühling macht das Backen Spaß. Wenn dann der Kuchen oder die Plätzchen an einem warmen Frühlingsmorgen beim ersten Picknick im Freien gegessen werden können, dann ist das Vergnügen perfekt. Sollte das Wetter dies nicht zulassen, so verderben sie sich nicht den Spaß, sondern machen einfach ein Zimmerpicknick. Eine Decke ausbreiten und schon wird im Zimmer gepicknickt.

Einige schnelle Backrezepte

Rezept **Frühlingsplätzchen**

Zutaten 325 g Mehl, 50 g gemahlene Mandeln, 100 g Zucker, 2 Päckchen Vanillezucker, 1 Prise Salz, 1 Ei, 200 g Margarine, Puderzucker, Schokoladenguss, bunte Streusel.

Zubereitung Mehl in eine Schüssel sieben, Mandeln, Zucker, Vanillezucker, Salz, Ei und die in Flöckchen geschnittene Margarine dazu geben. Alles zu einem Teig verkneten. Den Teig zugedeckt eine Stunde im Kühlschrank ruhen lassen, ihn dann auf einer bemehlten Arbeitsfläche ausrollen und runde Plätzchen ausstechen. Diese auf ein mit Backpapier ausgelegtes Backblech legen und bei 180 Grad 10 Minuten backen. Nach dem Abkühlen werden die Plätzchen mit Hilfe von Zuckerguss oder Schokoladenglasur und bunten Streuseln in Frühlingsplätzchen verwandelt.

Rezept	**Osternester**
Zutaten	300 g Mehl, 100 g gemahlene Mandeln, 1 Päckchen Vanillezucker, 3 Eigelb, 150 g Honig, 250 g Margarine, 1 Prise Salz, Johannisbeergelee.
Zubereitung	Alle Zutaten vermengen und zu einem Teig verkneten. Den Teig in Frischhaltefolie packen und im Kühlschrank 1–2 Stunden ruhen lassen. Noch einmal durchkneten und eine Rolle formen. Dann kleine Teigstücke abschneiden und zu einer Kugel drehen. Mit einem Löffelstiel eine Mulde hineindrücken und mit Johannisbeergelee füllen. Die Plätzchen auf ein mit Backpapier ausgelegtes Backblech legen und bei 180 Grad 15–20 Minuten backen. Nach dem Abkühlen ein kleines süßes Ostereierbonbon in die Mulde setzen.
Rezept	**Frühlings-Fitmachkuchen**
Zutaten	100 g Zucker, 3 Eier, 125 g Margarine, 1 Päckchen Vanillezucker, 120 g Mehl, 30 g Speisestärke, 2 TL Backpulver, 1 Päckchen Studentenfutter, etwas Milch.
Zubereitung	Aus den Zutaten einen cremigen Teig rühren, Studentenfutter unterheben und eventuell etwas Milch dazu geben, damit der Teig nicht zu fest wird. Diesen in eine eingefettete Kastenform geben und bei 175 Grad ca. 55 Minuten backen. Nach dem Erkalten mit Puderzucker, Puderzuckerglasur oder Schokoglasur bestäuben bzw. bepinseln.

Allerlei an Frühlingsbastelei

Bildcollage „Erinnerungen an den Frühling"

Gesammelte Blüten, Blumen, Gräser und Kräuter werden gepresst *(z. B. in alten Katalogen)*. Danach können sie auf Pappe geklebt, eventuell mit einem Merksatz versehen und hinter Glas gelegt werden. So entstehen wunderbare Erinnerungsbilder, die nicht nur eine leere Wand schmücken, sondern auch gleichzeitig als Anschauungsmaterial für Gespräche zu nutzen sind.

Frühlingswunschblase

Aus 1 EL Neutralseife, 1 EL flüssiger Handseife, $\frac{1}{8}$ l lauwarmem Wasser rührt man in einem Becher eine Seifenlauge an. Nun kann man aus einem Pfeifenputzer ein Pusteloch formen *(eine ca. 3 cm große Öffnung winden und die beiden Enden des Pfeifenputzers zusammendrehen)*. Diese Pustehilfe wird in die Lauge getaucht und nun kann man vorsichtig herrliche, durchsichtige Kugeln blasen. Bläst man der Sonne entgegen, so schimmern sie bunt. In jede Blase kann man einen Wunsch, der in diesem neuen Frühling oder im Laufe des Jahres in Erfüllung gehen soll, leise hineingeben.

Bunte Ostereier mit Naturfarben gefärbt

Weiße Eier können gut mit Obst- und Gemüsesäften gefärbt werden. Zuerst werden die Eier mit einem Schuss Essig gekocht. Zerkleinerter Spinat oder Zwiebelschalen werden ca. 10 Minuten in Wasser gekocht. Danach wird das Ganze durch ein Sieb geschüttet. In diese Flüssigkeit kommt auch ein Schuss Essig, wichtig ist, dass sie immer heiß bleibt. Dort werden die Eier bis zu 45 Minuten hineingelegt, je länger sie in diesem Farbbad bleiben, um so kräftiger wird die Farbe. Nach dem Trocknen werden sie mit etwas Öl eingerieben und bekommen so einen wunderschönen Glanz. Auf die gleiche Art und Weise kann man die gekochten Eier mit Obst- oder Gemüsesäften *(z. B. Rote-Beete-Saft, Preiselbeersaft, Heidelbeersaft, Holundersaft oder Schwarzer Tee)* färben. Wichtig ist, dass der Saft immer heiß ist, mit einem Schuss Essig versehen wird und die Eier ganz in der Flüssigkeit liegen. Lassen sie sich bei der Farbgebung überraschen.

Der bunt geschmückte Frühlingsbaum

Nicht nur zur Weihnachtszeit sieht ein geschmückter Baum im Haus oder vor dem Haus gut aus. Auch im Frühling ist so etwas sehr wirkungsvoll. Schmücken Sie doch mit den Kindern einen Baum, z. B. mit ausgeblasenen und mit Buntpapierschnipseln verzierten Eiern, mit Girlanden und Blumen aus Krepppapier und anderen schönen Dingen. Im Nu wird er der Treffpunkt für ein gemeinsam gesungenes Frühlingslied, ein Frühlingsritual, eine Geschichte oder sogar eine Traumreise.

Spiel und Spaß im Frühling

Ein gemeinsam auf der Wiese verbrachter Frühlingstag lädt zum Spielen ein. Damit Ihnen die Ideen nicht ausgehen, möchte ich Ihnen hier einige Spielvorschläge machen.

Hahnenkampf

Einstiegsgeschichte Endlich ist der Frühling da und nach einem langen Winter können die Hähne wieder ins Freie und dort nach frischen Würmern suchen. Doch es gibt viele Hähne und nur wenige Regenwürmer! Wenn alle Hähne gleichzeitig einen Regenwurm entdeckt haben, so müssen sie sich diesen erkämpfen.

Material Ein langes Seil, eine Trillerpfeife, ein Wollfaden *(Regenwurm)*, eventuell zwei Hahnenkämme aus Pappe als Kopfschmuck.

Ablauf Je zwei Kinder, die einen Hahnenkopfschmuck tragen, stehen oder sitzen Rücken an Rücken in einen großen Kreis, der mit einem Seil auf die Wiese gelegt wird. Im Kreis liegt ein Wollfaden. Auf ein Kommando versuchen die Kinder, sich aus dem Kreis zu drücken. Wer im Kreis bleibt, bekommt den Wurm.

Variation Es können auch mehrere Kreise gelegt werden, die es ermöglichen, dass mehrere Kinder gleichzeitig spielen können.

Tunnellauf

Einstiegsgeschichte

An Ostern suchen nicht nur die Kinder die Eier, die die Hasen versteckt haben, manchmal müssen auch die Hasen die Körbe suchen, die die Kinder versteckt haben, um dann dort die Eier hinein zu legen. Manchmal müssen sie auf Bäume klettern oder auf Dachböden herumkriechen, um ihre Eier in die Nester zu legen. Heute haben die Kinder ihre Körbe an einen besonders ungewöhnlichen Platz gestellt, es ist das Ende eines Tunnels! Die Hasen helfen sich gegenseitig, um dort die Eier zu verstecken.

Material

ca. 20 Tennisbälle, zwei Einkaufskörbe, eine Trillerpfeife.
Mitspieler: zwei gleich große Mannschaften mit jeweils ca. zehn Mitspielern und viele Kinder, die mit ihren Beinen den Tunnel bilden.

Ablauf

Zwei Mannschaften spielen gegeneinander. Zunächst wird für jede der beiden Mannschaften aus möglichst vielen „passiven Mitspielern" ein Tunnel gebildet. Am Ende der Tunnels steht in kleiner Entfernung jeweils ein Korb. Die Mannschaften stellen sich vor ihrem Tunnel auf, jeder bekommt einen Tennisball *(Ei)* und schon kann es losgehen. Auf ein Kommando krabbelt der Erste jeder Gruppe durch „seinen" Tunnel, legt sein Ei in den Korb, läuft außen zurück und stellt sich hinter den letzten Mitspieler seiner Mannschaft. Nun krabbelt der nächste durch den Tunnel, legt sein Ei in den Korb, läuft außen zurück und stellt sich wieder hinten an. Wenn alle ihr Ei in den Korb gelegt haben, haben die Hasen ihre Arbeit erledigt.

Tausendfüßlerrennen

Einstiegs-geschichte
Die Tausendfüßler wollen die Frühlingswelt entdecken und die erste frische Frühlingsmahlzeit einnehmen. Leider sind ganz viele Tausendfüßler auf diese Idee gekommen. Wer der Schnellste ist, der darf heute an einem besonders großen und frischen Frühlingsblatt knabbern.

Material
Zwei große, grüne Blätter aus Pappe, eine Trillerpfeife
Mitspieler: 2 gleichgroße Mannschaften.

Ablauf
Die Mitspieler einer Mannschaft fassen sich jeweils an den Fersen an und gehen so, auf ein Kommando hin, im Vierfüßlergang vom Start zum Ziel, wo das Blatt auf sie wartet.

Ostereier suchen

Einstiegs-geschichte
Jedes Kind möchte am Osterfest viele Eier sammeln. Doch dazu braucht man gute Augen und Schnelligkeit. Dafür müssen wir heute ein wenig trainieren.

Material
Bunte Tennisbälle *(von einem farbigen Luftballon wird die Spitze abgeschnitten. Nun kann der Luftballon über den Tennisball gezogen werden. Mit einem Filzstift können die Bälle anschließend noch bemalt werden)*, kleine Weidenkörbe *(Anzahl entsprechend der Mitspieler)*, eine Trillerpfeife.

Ablauf
Die Anzahl kann frei gewählt werden. Auf einem markierten Wiesenstück werden bunte Tennisbälle *(Eier)* verteilt. Jeder Mitspieler bekommt einen Weidenkorb. Auf ein Kommando hin laufen die Kinder los und sammeln die Eier ein. Zum Schluss kann gezählt werden, wer die meisten Eier gefunden hat.

Spiel und Spaß im Frühling

Häschen hüpf

Einstiegsgeschichte

Zu Ostern müssen die Hasen sehr fit sein, denn sie hüpfen stundenlang durch die Gegend und verstecken Eier. Da sie im Winter sehr faul waren, müssen sie nun täglich trainieren, um ihre Schnelligkeit wieder zu bekommen. Deshalb veranstalten sie einmal in der Woche ein Hasenrennen. Wir wollen heute auch unsere Schnelligkeit trainieren, genauso wie die Hasen.

Material

Zwei Hüpfbälle, mehrere Absperrhütchen, eventuell zwei Paar Hasenohren als Kopfschmuck und eine Trillerpfeife.

Ablauf

Zunächst werden zwei gleich große Mannschaften gebildet. Mit den Absperrhütchen werden zwei Hüpfstrecken gestellt. Am Start bekommen zwei Mitspieler die Hasenohren auf, sie setzen sich auf einen Hüpfball. Auf ein Kommando hüpfen sie um die Pylone bis zum Ende und die gleiche Strecke zurück zum Start.

Frühlingsblumen pflücken

Einstiegsgeschichte

Die ersten Frühlingsblumen blühen. Wir wollen uns nach dem langen Winter den Frühling ins Haus holen und unsere Wohnung mit einem bunten Frühlingsstrauß schmücken. Deshalb gehen wir nun alle auf die Wiese, um dort die Blumen zu pflücken.

Material

Viele quadratische, einfarbige Stoffreste *(die Anzahl der einzelnen Stoffquadrate ist beliebig groß)* und Stühle für einen Sitzkreis.

Ablauf Die Anzahl der Mitspieler ist unbegrenzt.
Ein Stuhlkreis wird gestellt, darin liegen kunterbunt durcheinander die Stoffquadrate *(Blumen)*. Alle Mitspieler können jetzt Blumen pflücken, jedoch bestimmt die Spielleiterin die jeweilige Farbe. Ruft sie eine Farbe, so laufen die Kinder los und holen sich ein Tuch in der entsprechenden Farbe. Wer kein Tuch dieser Farbe bekommen hat, spielt trotzdem weiter mit. Zum Schluss stecken die Kinder ihre Tücher zu einem Blumenstrauß in die Hand. Wer ganz schnell war, hat nun einen sehr dicken Strauß.

Der Frühjahrsputz im Garten

Einstiegsgeschichte Im Frühling hat jeder Gärtner viel Arbeit! Bevor er säen und pflanzen kann, muss er den Garten von all den Dingen säubern, die sich den Winter über angesammelt haben. Wir wollen ihm dabei helfen.

Material Viele aufgeblasene Luftballons, eine Schnur und eine Trillerpfeife.

Ablauf Zunächst werden zwei gleich große Gruppen gebildet.
Eine Schnur wird gespannt oder von zwei Erwachsenen gehalten. Auf jeder Seite steht eine Gruppe. Jeder hält einen aufgeblasenen Ballon in der Hand. Sie symbolisieren z. B. Müll, Steine oder anderen Unrat, der aus dem Garten entfernt werden muss. Auf ein Kommando werfen alle nun die Ballons über die Schnur. So entsteht ein ständiges Hin und Her der Ballons, die immer wieder schnell über die Schnur auf die andere Seite geworfen werden. Hören die Mitspieler erneut die Trillerpfeife, so ist das Spiel beendet. Wer ist mehr Luftballons losgeworden?

Entenrennen

Einstiegsgeschichte

Es ist Frühling und die Enten freuen sich, endlich wieder in dem kleinen Teich planschen zu können. Doch, o weh. Über den Winter hat der Teich sein Wasser verloren. Jetzt machen die Enten sich an die Arbeit und füllen ihren Planschteich mit neuem Wasser.

Material

Viele aufgeblasene Luftballons, zwei Eimer mit Wasser, zwei leere Wannen, mehrere Plastikbecher, mehrere Absperrhütchen, und eine Trillerpfeife.

Ablauf

Zunächst werden zwei gleichgroße Gruppen gebildet.
Mit den Absperrhütchen werden zwei Strecken gestellt. Am Anfang der Strecken steht jeweils eine leere Wanne, am Ende der Strecken jeweils ein Wassereimer. Die Kinder stehen mit einem Ballon zwischen den Knien am Start. Auf ein Kommando läuft das erste Kind jeder Gruppe mit dem Ballon zwischen den Knien los, füllt seinen Becher mit Wasser, watschelt zurück, schüttet ihn in der Wanne aus und gibt den leeren Becher dem nächsten Kind. Dieses läuft los und so geht es immer weiter. Das Spiel ist beendet, wenn alle Kinder einmal Wasser geholt und den Teich damit gefüllt haben.

Eier im Heuhaufen – ein ganz besonderes Abschlussspiel

Einstiegsgeschichte

Die Hasen haben sich heute ein ganz besonderes Versteck für ihre Eier ausgedacht. Es ist ein Heuhaufen! Jeder kann nun nach Lust und Laune hier im Heuhaufen nach einem Ei suchen.

Material

Für jedes Kind ein hart gekochtes und gefärbtes Ei, ein Heuhaufen. *(Vorsicht bei Allergikern!)*

Komm mach mit mir ein Bilderbuch

Das besondere Angebot

Wir erstellen ein Bilderbuch zu dem Lied „Klara, diese kleine Maus"
(Melodie: „Vogelhochzeit")
Dies ist ein Angebot speziell für die älteren Kinder im Kindergarten.

Einstieg Vor den Augen der Kinder faltet die Erzieherin aus einem quadratischen Blatt Papier die Maus Klara. *(Aus dem Quadrat ein Rechteck falten, die obere Spitze umknicken, sodass eine spitze Schnute entsteht. Diese Maus auf ein Blatt kleben, aus Pappe Ohren schneiden, ein Wollschwanz ankleben, Barthaare aus Besenhaaren an die spitze Schnute kleben, mit Filzstiften Augen und Füße malen und schon ist die Maus fertig!).*

Die Kinder singen gemeinsam mit der Erzieherin das bereits bekannte Lied. *(siehe S. 44)*

Ablauf Der Inhalt dieses Liedes dient als Grundlage für ein selbst gestaltetes Bilderbuch. Jede Strophe wird durch Falten, Schneiden und Gestalten mit Fäden oder Stoffen, mit Drucken oder anderen Techniken dargestellt. Dieses Angebot erstreckt sich über mehrere Tage. Das entstandene Bilderbuch ist eine schöne Erinnerung und kann als Abschlussgeschenk verwendet werden.

Literatur

Sach- und Fachbücher

Christiane Kutik,
Eva Maria Ott-Heidmann
Das Jahreszeitenbuch
Verlag Freies Geistesleben,
Stuttgart 1997

Barbara Cratzius
Frühling im Kindergarten,
Verlag Herder, Freiburg 1988

Barbara Cratzius
Uns gefällt die Frühlingszeit
Verlag Herder, Freiburg 1995

Barbara Cratzius
Indianer-Frühling
Verlag Herder, Freiburg 1997

Birgit Utermarck
Fröhlich bunte Osterzeit.
Bastelspaß für Groß und Klein
Christophorus Verlag,
Freiburg 1994

Ingrid Biermann
FrühlingsTage
Verlag Herder, Freiburg 2002

Bilderbücher

Jacob Möhring
Peter Pinsel
Lucy Körner Verlag,
Fellbach 1993

Annet Rudolph, Nele Moost,
Alles gefärbt!
Geschichten vom kleinen Raben
Esslinger Verlag, Esslingen 1998

Marcus Pfister,
Kathrin Siegenthaler
Hoppel und der Osterhase
Nord-Süd-Verlag,
Gossau / Zürich 1993

Carola Schäfer, Hans Poppel
Wenn der Osterhase kommt.
Die schönsten Ostergeschichten
Arena-Verlag, Würzburg 1996

Udo Weigelt, Rolf Siegenthaler
Ein Ei für den Osterhasen
Nord-Süd-Verlag,
Gossau / Zürich 2001

Neue Ideen für die Adventszeit

Ingrid Biermann
Klara und die 24 Weihnachtsmäuse
Konzeptbuch für eine neue
Adventsgestaltung im Kindergarten
128 Seiten, kartoniert

ISBN 3-451-27643-7

Der Advent im Kindergarten stellt Sie als Erzieherin jedes Jahr erneut vor die Aufgabe, diese Zeit auf besondere Weise zu gestalten. Die wunderbare Geschichte von Klara und ihren 24 Kindern bildet den Rahmen eines einzigartigen Konzeptes für die Gestaltung der Vorweihnachtszeit. Neben zahlreichen Spielen, Liedern, Reimen, Geschichten und Fantasiereisen bietet es viel Raum für eigene Ideen und die Möglichkeit, alle Angebote individuell zu kombinieren. Die Kinder werden zum Träumen, Verweilen und Zuhören eingeladen und finden die Ruhe, um mit anderen Kindern gemeinsam den Advent zu genießen.

   In Ihrer Buchhandlung erhältlich!   **HERDER**